나의 삶
나의 사회생활

나의 삶
나의 사회생활

초판 1쇄 발행 2025년 11월 4일

지은이   배경혜
펴낸이   권지현
펴낸곳   이음과펼침
책임편집 이음과펼침 편집부
출판등록 2025년 7월 21일 제2025-000129호
주소   서울시 서초구 양재동 392-3, 202B
이메일   connectnbloom@gmail.com
원고투고 connectnbloom@gmail.com
홈페이지 www.connectnbloom.com

ISBN   979-11-994267-4-0(03810)

나의 삶
나의 사회생활

배경혜 지음

**영업의 최전선에서 25년,
변화의 한가운데서 살아남은
센터장의 기록.**

이음과 펼침

프롤로그

"왜 이 일을 하시나요?"

24년 전, 지국장 승진 면접 자리에서 면접관이 내게 물었다. 이름도 얼굴도 기억나지 않지만, 그 질문만은 지금도 또렷하다. 나는 이렇게 대답했다.

"입사해 신입 선생님일 때, 국장님이 저를 처음 본사 월례회의에 데려가 주셨습니다. 그 자리에서 상 받는 여성들의 모습을 보았습니다. 멋지게 차려입은 옷보다 더 빛나고 당당한 그들의 얼굴을 잊을 수 없었습니다."

그 답변과 함께 나는 지국장으로 승진했다.

나는 열정을 쏟아 성취를 이룬 사람들의 환한 얼굴빛이 좋았다. 영업은 본래 긍정과 적극, 도전을 요구하는 직업이다. 그중에서도 단기간에 최고의 성과를 거둔 사람들의 힘찬 기운과 아우라는 말로 다할 수 없이 멋져 보였다.

나도 그날의 그들처럼 돈도 많이 벌고, 당당하고 멋진 사람이 되고 싶다고 말했다.

2001년 9월 입사 후, 2003년 2월 지국장으로 승진했다. 2005

년에는 두 개의 지국을 배출하며 사업국장이 되었고, 2010년에는 산하 6개 지국을 배출하며 전국 최초이자 유일한 사업처장이 되었다. 내가 만든 조직이 기준이 되어 '사업처장' 직급이 새로 생겼다. 이듬해인 2011년 2월, 나는 센터장으로 발령받았다. 그렇게 25년 동안 교원인으로 일하며 많은 일을 겪고 성장했다.

그렇다면, 승진 면접에서 말했던 것처럼 나는 정말 많은 돈을 벌고, 당당하고 멋있어졌을까?

많이 벌었다. 아이들에게 쓰고 싶은 만큼 아낌없이 썼다. 책을 사주고, 여행을 보내고, 가능한 모든 경험을 하도록 도왔다. 그럼에도 늘 부족함이 많아 미안한 마음이 앞선다. 하지만 이만큼이라도 해낼 수 있었던 건 이 일이 있었기 때문이다. 무엇보다 내가 해 준 것보다 훨씬 더 잘 자라 준 아이들에게 늘 고맙다.

학교를 마친 친구들이 사회로 나아갈 때, 나는 살림만 하며 점점 작아지고 있었다. 그러나 이 일을 통해 조금씩 다림질하듯 나를 펼칠 수 있었다. 처음 해 보는 일이라 고생도 많았지만, 작은 성공이 쌓일 때마다 자존감이 높아졌다.

화장기 없이 청바지에 운동화, 무채색 티셔츠만 입고 다니던 내가, 이제는 예쁘게 화장하고 화사한 원피스와 하이힐을 신는다. "예쁘다, 멋있다"라는 말을 들으며, 장소에 맞는 예의를 배우며 한평생을 살았다.

정신없이 앞만 보고 달리느라 돌아보지 못한 시간을 이제야 찬찬히 짚어 본다. 앞으로 나아갈 나 자신을 위해서, 그리고 세상

5

으로 나갈 준비를 하고 있는 딸에게 부끄럽지 않은 엄마가 되고
싶어서다.

　두서없고 민낯만큼 부끄러운 기록일지라도, 내 펄떡이던 시간
들을 펼쳐 본다.

　엄마는 이렇게 살아왔다.

교원의 직급 구조

　교원은 조직 영업을 기반으로 하는 방문판매 조직이다. 직급이 여러 단계로 나뉘어 있어 흔히 다단계로 오해하는 경우가 많지만, 엄밀히 말하면 방문판매업이다. 다단계는 모든 직급이 판권을 가지고 판매와 하위 조직의 매출에서 수당을 얻는 구조이지만, 교원은 '애듀플래너(선생님)'와 '마스터' 직급에만 판권이 있다는 점에서 차이가 있다.

　입사 후 정규 교육을 수료하면 영업사원의 자격이 주어지고, 판권이 생긴다. 이때부터 '애듀플래너'라 불린다. 아이들이 볼 책만 구입하고 퇴사하는 이들도 있지만, 책을 활용하는 법을 배우고 지인에게 판매하다가 점차 타인에게도 영업을 시도하는 경우가 많다.

　일정 교육을 이수하고 성과 기준을 달성하면 '마스터'로 승진한다. 마스터는 수당 체계가 조금 더 높고, 더 큰 판권을 가진 플래너다. 마스터가 또 다른 플래너를 채용하고 양성해 두 명 이상을 만들면 '지국장'으로 승진한다. 이 단계부터는 판권을 내려놓고, 방문판매업의 개인사업자로서 본격적인 사업을 운영한다. 교원의 영업 조직에서 가장 큰 보람과 성취감을 느낄 수 있는 직급으로, 함께 성장할 사람을 발굴 및 양성한다. 영업을 가르치고 훈련시키며 가장 큰 수당을 받을 수 있는 자리다.

여러 지국장을 지속적으로 배출하다 보면 '사업국장'이 된다. 현재는 'L2'라는 명칭으로 불리지만, 이 책에서는 사업국장으로 표현한다. 이어서, 산하 지국장이 3명 이상 모이면 '사업처장'이라 부른다. 과거에는 6명이 기준이었으나 현장에서는 현재 3명 이상이면 이 호칭을 사용한다.

그다음은 '센터장'이다. 사업국장 중에서 회사가 직접 발탁해 전국의 센터로 발령하는 정규직 직원이다. 보통 1년에서 2년 단위로 하나의 센터를 담당한다. 전체적인 센터 운영을 책임지는 자리다. 마지막으로, '총괄 단장'은 5~6개의 센터를 총괄하며 관리하는 최고 직급이다.

이런 직급들의 체계로 이루어진 교원의 생활 속 내가 반 이상의 시간을 보낸 직급이 센터장이다. 많은 선생님과 지국장들을 관리하고, 다양한 총괄단장님을 만나 배웠다. 그 과정이 내 25년을 만들었고, 삶의 터전이 되었다.

차 례

1장 영업

2장 관계

영업

나의 시작

내 책은 사서 읽으면서 내 아이들 책은 한 번도 사 본 적 없이 도서관에서 빌려 읽혔다. 아이들은 반복해서 책을 읽어 한 권의 책을 수십 번 읽어야 하는데, 그땐 아이들이 쑥쑥 자라서 옷이 금 방 작아져 못 입게 되듯, 어릴 때 잠깐 읽는 책이라고 생각했다. 엄 마의 무식함, 무지함이었다.

제대로 알지 못하고 어설프게 아는 것은 모르느니만 못하다. 도서관에서 책을 좋아하게 만들어라, 베드 타임 스토리로 잠잘 때 읽어 줘라, 도서관을 이용했다는 성공 사례들을 어설프게 주 워듣고 지엽적인 정보들을 생각 없이 맹목적으로 따라했다. 그것 들은 아이가 책을 좋아할 수 있는 환경을 만들어 주고, 독서를 시 작하라는 의미였다. 그렇게만 계속하면 된다는 것이 아니었다.

집에서 멀리 사직동에 있는 서울 시립 도서관에까지 가서 2주 일에 7권을 빌려 읽혔다. 낮에는 체험시킨다고 여기저기 워낙 돌 아다녔으니, 잠잘 때 읽으면, 읽어 주면서 너도 자고 나도 자고. 순 식간에 책은 자장가가 되었다. 내가 재미있는 책 위주로 읽혔다. 잘 모르는 분야의 책은 빌려 와도 제대로 읽히지 않았다. 편식하듯 편독을 했다.

그러던 중 우연한 기회에 교원을 알게 되었다. 교육을 들을 때 타사와 비교 설명을 들었다. 좋은 것 같기는 한데, '너네 거니 좋다 하지, 내가 직접 알아보겠다' 싶어서 그 길로 도서관으로 달려갔다. 애니메이션 명작 동화 중에 《플란다스의 개》를 각 출판사별로 모두 꺼내어 읽고 비교해 보았다. '책은 다 똑같지'라던 생각이 파사삭 깨지는 순간이었다. 나 어릴 때야 먹을 것이 귀해 밥 말고는 고구마, 감자, 옥수수가 간식 전부였던 세월이었다. 그래도 친정 어머니는 빵과 도넛을 손수 만들어 주셨다. 먹을 것이 그러한데 책이야 말할 필요가 무어 있겠는가.

초등학교 때 아버지께서 지인에게서 구입하신 계몽사 문학 전집이 나를 독서로 이끈 첫 책이었다. '책은 다 좋지 무어 나쁜 것이 있는가'라고 생각했다. 지금은 군것질거리로 온갖 달콤한 과자, 초콜릿, 사탕이 넘쳐나는 것처럼 아동 도서 시장도 커졌다.

끼워 팔기 위해 기획된 전집은 나쁘고 단행본이 좋다는 이야기도 들었었다. 아니다. 좋은 전집, 좋지 않은 전집이 있다는 것을 그날 알았다. 좋은 단행본, 좋지 않은 단행본이 있다는 걸 그날 알았다.

감수를 누구에게 받았는지, 글과 그림이 일치하는지, 얼마나 고증을 거쳤는지, 아동 발달과 인성 발달 등은 고려했는지, 편집진의 교육 철학은 어떤지, 투자를 얼마나 했는지 등. 여러 변인이 책의 질을 결정한다.

《플란다스의 개》 7종을 비교해 보니 금성 출판사와 교원이 마지막으로 남았다. 당시에도 금성 출판사는 아동 도서 시장에서 밀려나, 도서보다 다른 쪽으로 활로를 찾고 있었다. 도서관을 다녀와서 적금을 깼다. 당시 큰돈을 주고 책을 샀다. 중고를 살까 고민도 했다. 믿기 어렵겠지만 '있는 거 다 주세요' 했었다. 어차피 또 이곳에 올 일은 없을 테니까.

영업을 잘할 수 없다고 생각한 나는, 살 수 있을 때 다 사야지 했던 것이다. 35평 아파트 거실에 책 상자가 천장 가득히 배달되었다. 첫째 아이가 쓰던 학습지를 지우개로 열심히 지워 둘째에게 쓰게 하던 짠순이 엄마가 25년 전 당시 1,200만 원이 넘는 돈을 일시불 현금으로 결제했다. 지금 생각해 보면 미쳐도 단단히 미쳤었다. 남편에겐 "모두 200만 원이야" 했었다. 믿었는지는 잘 모르겠다.

한글을 5살에 떼게 하고, 이제 한글을 뗐으니 네가 읽으라며 방치했던 엄마였다. 도서관에 데리고 다니며 뭔가 하고 있다며 착각 속에 안주하던 엄마였다.

그러나 이번엔 달랐다. 언어, 사회, 과학 영역별로 책장을 넣고 방 하나를 도서관으로 만들어 아이들과 함께 책을 읽었다. 나의 교원 첫걸음이었다.

인연

학교 다니면서 아르바이트로 영어 과외를 했다. 과외를 하면서 내가 더 많이 배운 것 같다. 어려운 문법을 쉽게 가르치려고 궁리하다 보니 문법이 얼마나 재미있었는지, 오랫동안 영어 쓸 일이 없었는데도 불구하고 관계사, 분사 구문 등이 지금도 기억에 생생하다.

그때부터 했던 과외를 결혼 후에도 드문드문 이어 갔다. 고2 큰딸과 중2 작은딸과 막내아들 초등학생이 있던 약사 부부 집의 두 딸을 대상으로 과외를 하던 때였다. 참 예쁘게 잘 따라오던 학생들이어서 성심 성의를 다했고, 성적도 잘 나와 상호 간에 신뢰가 있었다.

어느 늦은 밤 여느 때처럼 공부 끝내고 나오는 인사 길에 약사님이 잠시 보자며 책을 한 권 보여 주셨다. 하드 커버의 영어 동화책이었다. 책은 두꺼우나, 내용이 어렵지 않고 재미있었는데, 중학교 영어 선생님들이 만든 책이라 했다. 약사님은 그 책을 막내에게 가르쳐 줄 수 있냐고 부탁을 하셨다.

처음엔 '아니, 내가 얼마나 믿음직해 보였으면 막내까지 맡기시나 싶었지만, 온 길에 잠시 봐주는 것이고, 사실은 내가 그 책에 반해 버린 것이 더 컸다. 지금에야 영어 공부하면서 동화책을 안 읽는 아이는 거의 없다. 온전히 책으로 영어를 가르치는 학습지도 있으니 말이다. 그러나 30년 전 그땐 영어 동화책, 영어 그림책을 찾기가 쉽지 않았다. 중고등학생 영어를 가르치면서 늘 안타까웠던 것이 영어 독해라는 것을 짧은 지문을 읽고 문제를 푸는 문제집으로만 해결하는 것이었다.

말하고 듣고 그 뒤에 책을 읽는 순서로 공부한다면 얼마나 좋을까? 그 책에 홀딱 반해서 바로 그 자리에서 수락을 했다. 이후 다른 중학생 집에도 이 책을 소개했다. '시험에 나오는 것은 아니지만 읽히면 좋겠다'고 했다. 세 집에 추천을 하고 책을 출판한 회사에 문의 전화를 했다. 이 집, 저 집, 요 집 보내 달라고.. 그때 내 전화를 받으신 분이 3년 뒤 나를 채용했다.

채용이 되어 입사한 뒤, 그는 내게 3년 동안 드문드문 전화를 했었다고 했다. 하지만 내 머릿속에는 그런 기억이 전혀 남아 있지 않았다. 본인이 상 받았거나, 국장으로 승진했다는 소식을 전했는데, '그게 나와 무슨 상관이 있지' 하며 무심히 흘려들었을 것이다. 아마도 정중하지만 차갑게 전화를 받았을 것이 분명하다.

원래도 고집이 센 데다 아동학을 전공했다는 자부심이 있어서 교육에 관해 도대체 남의 말에 귀를 기울이지 않았으니. 더구나 영업 사원의 말이야 말해 뭐 하겠는가? 그럼에도 그는 내 번호를 버리지 않고 3년 동안 연락을 이어 왔고, 마침내 3년 만에 우리 집을 직접 방문했다.

그날, 집 안에는 어린이용 비디오테이프가 자막을 가린 채 큰 소리로 재생되고 있었다. 그는 영어교육법에 대해 이야기하더니 무조건 교육을 들으러 오라고 권했다. 며칠간 교육을 받으면 천체 망원경을 준다는 제안까지 덧붙였다. 하필 그 천체 망원경은 우연하게도 당시 내가 갖고 싶었던, 살까 말까 구입을 망설이던 물건이었다.

스르륵, 내 교원 인생의 문이 열리는 순간이었다. 하필 그 영어 동화 전집이, 하필 천체 망원경이 나를 유혹한 건 우연이었을까? 필연이었을까? 우연이든 필연이든, 그 후로 어느새 25년이 흘렀다. 돌이켜 보면 그 모든 것이 인연이었다.

인사

아침에 출근하면 지국장들과의 미팅 준비로 분주하다. 어느새 하나둘씩 지국장이 들어오기 시작한다. 보통은 내가 '어서 오세요'라고 인사하면 상대는 '안녕하세요'라고 답한다. 형식적인 인사에 그치지 않으려고 마음을 담아, 눈을 맞추며 인사하려 늘 의식한다. 사람이 오는지 가는지도 모르고 머리를 숙인 채 자기 일만 하며 반기지 않는 모습의 관리자가 늘 아쉽게 느껴졌다.

그런데 어느 날, 늘 듣던 인사와는 전혀 다른 한마디가 있었다. 그녀는 원래 목청도 크고 뚜렷한데, 누가 있든 없든 상관없이 사무실 문을 열고 들어오면서 큰소리로 안쪽까지 들리도록 '반갑습니다.' 하고 인사하며 가까이 다가왔다. '안녕하세요. 어서 오세요.'라는 내 인사를 받으면, 고개를 숙이며 또다시 '반갑습니다.'를 힘차게 반복했다.

어제 무슨 일이 있었든지, 오늘 컨디션이 어떻든지, 솔 톤의 우렁찬 '반갑습니다.'가 처음엔 생경했다. 나중엔 차츰 진짜 그 인사의 주인공이 반가워지기 시작했다. 기분 좋은 이끌림에 나도 다른 이들을 보게 되면 따라하게 되었다.

"안녕하세요."

"어서 오세요."

"반가워요."

별거 아닌 인사말인데 사람을 기분 좋게 하고, 기운을 활짝 열어 주는 인사였다. 센터를 옮긴 뒤에도 나는 큰소리로 인사를 한다. 가끔 작은 목소리로 인사만 하고 자리에 앉던 분이 고개 들어 나를 쳐다본다. 놀란 듯 웃기도 한다. 순간 머쓱해 멈추기도 했지만, 다시 마음을 담아 인사를 이어 간다. 인사말 하나도 이렇게 다르다.

영업은 기세다. 밝고 씩씩한 기운이 담긴 인사로 상대를 맞아야 한다. '인사가 만사'라는 말이 있다. 보통 사람을 잘 써야 한다는 의미로 쓰이지만 인사에서 첫인상이 결정되고 모든 일이 시작된다라고 해석할 수도 있다.

시작이 밝아야 끝도 밝아진다. 영업인은 늘 고객과 함께하는 사람이다. 영업인에게 인사가 빠지면 만사가 빠진다는 생각으로 늘 웃으며 힘차게 새로 만나는 모든 인연들에 감사하는 마음으로 인사를 건넨다.

기왕이면 다홍치마

상담 실력을 키우는 데는 오랜 시간이 걸린다. 그러나 상담에 적합한 외모는 하루에 바꿀 수 있다. 영업을 잘하고 싶다면, 처음 시작할 때 가장 먼저 갖춰야 할 것은 복장이다.

우리 일은 대부분 집에서 가정주부로 지내던 엄마들이 자녀 책을 저렴하게 구매하려는 마음으로 입사하면서 시작된다. 입사 후 구매한 교재 활용법을 배우고, 지인을 떠올려 소개하며 일을 넓혀 간다. 교육을 받으면서 더 많은 책을 사고 싶어지고, 책값을 벌기 위해 지인 소개를 넘어 개척 영업에까지 나서게 된다. 그 과정에서 가장 빠르고 효과적으로 준비할 수 있는 것이 바로 복장이다.

영업인으로 아이들을 만나고, 주부도 만난다. 처음 만난 고객은 3초 안에 상대를 스캔한다. 그 순간 '밝다', '믿음직하다', '호감이 간다', '교육적이다', '멋지다'라는 인상을 줄 수 있어야 한다. 그래서 무채색보다는 다소 촌스러워 보이더라도 밝은 색을 입기를 권한다.

25년 동안 빨주노초파남보 무지개 색을 다 입어 보았다. 입사

전에는 늘 눈에 띄지 않는 무채색만 고집하던 나였다. 센터에서 퍼스널 컬러 전문가를 초대해 특강을 열고 직원 모두가 자신의 퍼스널 컬러를 상담 받은 적도 있었다. 퍼스널 컬러란 개인이 타고난 피부, 머리카락, 눈동자 색 등 신체 고유의 색과 가장 잘 어울리는 색상을 말한다. 자신에게 맞는 색을 사용하면 얼굴이 더 환하고 생기 있어 보인다.

퍼스널 컬러는 크게 웜 톤(따뜻한 색조)과 쿨 톤(차가운 색조)으로 나뉘고, 각각 봄, 여름, 가을, 겨울의 4계절 유형으로 세분된다. 나는 겨울 쿨 톤이었다. 진한 네이비, 그레이, 버건디 등 진하고 차가운 색상이 어울린다는 것이다. 참 신기하게도 내 퍼스널 컬러와 상관없이 사람들은 본인들이 좋아하는 색을 내게 잘 어울린다고 칭찬한다.

사실은 자신이 입고 싶지만 용기가 없어 입지 못한 색을 내가 입고 있으니 '예쁘다' 하고 말해 준 것이다. 흐린 날 밝은 색을 입고 환한 느낌으로 나타나면 나는 부끄러워도 사람들은 '멋지다'고 했다.

옷은 전략이다. 군인이 전투복을 입고, 의사가 흰 가운을 입고, 변호사가 양복을 멋있게 입는 것 또한 전략이다. 영업인은 상대를 배려하기 위해 옷을 갖춰 입는다. 본인의 취향은 집에서 마음껏 펼치면 된다. 그러나 일터에서는 돈을 벌 수 있는 복장을 선택해야 한다. 그것은 고객에 대한 예의이고, 스스로를 보호하는 갑옷이며, 무엇이든 해낼 수 있는 무기다.

처음 영업을 배울 때는 무조건 정장 치마와 자켓을 입으라고 했다. 요즘은 원피스나 바지 정장도 많다. 일을 막 시작한 선생님들은 아이만 돌보다 보니, 제대로 된 나들이 옷조차 없는 경우가 흔하다. 직업 의식이 형성되지 않은 상태에서는 허술한 차림에 슬리퍼를 신고 나타나는 경우도 있다. 옆집에 잠시 들르듯 자유로운 복장으로 오는 사람도 있다. 본인이 돈을 벌 생각이 없다면 그건 개인의 선택일 수 있다. 그러나 고객에게는 무례로 비칠 수 있다. '나는 당신에게 관심이 없다'는 신호로 읽히기 때문이다.

아줌마 차림으로는 일을 할 수 없다. 단정한 옷과 세련된 화장은 전장에서 적의 화살을 막아 주는 갑옷처럼, 내면의 자신감을 무장시킨다. 준비된 복장만으로도 기세에서 밀리지 않는다. 영업 상담은 결국 기싸움이기도 하다. 같은 내용을 전하더라도 머리를 질끈 묶고 찢어진 청바지를 입고 상담한다면, 전달력은 반감될 것이다. 자신감 있게, '고객의 아이가 내 아이라면 나는 어떻게 할까?'라는 생각으로 열정과 확신을 가지고 상담할 때, 고객은 신뢰를 보내고 따라온다. 물론 내용의 정확성은 기본이다.

나는 지국 운영하며, 새로 입사한 선생님들에게는 계절마다 2벌씩 새 옷을 준비하게 했다. 값비싼 옷이 아니어도 된다. 고급 옷은 돈을 벌어 사면 되고, 깨끗하게 번갈아 입는 것으로 충분하다. 지역이 경제적으로 넉넉하지 않았고, 선생님들은 자녀 책을 할부로 구입한 상태였기에, 첫 수당이 들어오면 할부금을 우선 상환하도록 권했다. 영업은 초기에 고정 수입을 보장하기 어렵기 때문이다.

그중 한 선생님은 남편이 박사 과정을 밟고 있었고 대학 강의를 하고 있었지만, 두 아이는 전적으로 혼자 책임져야 했다. 절박한 상황 속에서도, 여름 내내 블라우스 단 두 벌과 청치마 하나로 번갈아 입으며 일했다. 땀을 많이 흘리다 보니 외부 영업 후 블라우스는 흠뻑 젖기 일쑤였다. 고객은 일주일에 한 번 만나는 터라 큰 문제는 되지 않았다.

그녀는 외부 영업에 적극 나서 상담 약속을 잡았고, 심지어 식당에서 점심을 먹다 서빙하던 조선족 여성까지 상담해 채용했다. 놀랍게도 그 여성은 중국에서 대학을 졸업한 고학력자였고, 발음을 고치기 위해 입에 연필을 물고 한국사 교과서를 읽었다고 한다. 한동안 함께 일하다가 막내를 임신하며 일을 내려놓았다. 우리는 그녀의 청치마를 '전투복'이라 불렀다. 청치마는 고객에 대한 예의이자, 그녀를 당당하게 세워 준 갑옷이었다.

처음 일을 시작한다면 두 벌만 있어도 충분하다. 늘 깨끗이 빨아 입으며 교육 상담가다운 단정한 복장으로 고객을 만나야 한다. 청바지와 슬리퍼 차림으로 만나는 경우와는 분명히 다른 결과가 찾아올 것이다. 보기 좋은 떡이 먹기도 좋은 법이다. 기왕이면 다홍치마다.

페르소나

아침 출근길, 거울 속 나와 마주한다. 낯설게 나를 바라보는 그 시선에 잠시 멈칫한다. 이게 정말 나일까? 평소 거울을 잘 들여다보지 않으니, 내 모습이 어쩐지 익숙하지 않다. 하루 종일 상대만 바라보며 살아왔기에, 나는 늘 생각 속의 나로만 존재한다.

나는 다중인격자는 아니지만, 내 안에는 여러 모습이 공존한다. 소심하고 사회성 부족한 나는 아침 화장을 시작하는 순간 뒷방으로 물러난다. 그 자리에 붉은 볼 터치, 화사한 아이섀도우, 또렷한 마스카라, 와인빛 입술로 무장한 씩씩한 생활 전사가 거울 속에 나타난다. 향수로 마무리하면 전투 준비 완료다.

아프리카 마사이족이 사냥 전 온몸을 칠해 용감한 전사로 변신하듯, 나 역시 화장으로 또 다른 내가 된다. 여자의 변신은 무죄라지만, 영업인의 민낯은 종종 유죄가 되기도 한다.

'페르소나(Persona)'는 사회 속에서 타인에게 보여 주는 가면을 뜻한다. 고대 로마 연극의 가면에서 비롯된 이 단어를 심리학자 칼 융은 '진정한 자아와 사회적 요구 사이의 타협'으로 설명한다. 달팽이는 여린 몸을 지키기 위해 평생 무거운 집을 지고 다닌다.

집 없는 민달팽이는 작은 위협에도 쉽게 노출된다. 엄마에서 직장인으로, 다시 영업인으로 변신한 나에게 화장은 달팽이의 집처럼 나를 지켜 주는 페르소나다.

'제가 소심해서요.', '제가 원래 못 해서요.'라는 말로 스스로를 축소하지 말자. 실력은 시간이 필요하지만, 당장 화장 하나만으로도 내 안의 용감한 나를 꺼내 고객 앞에 세울 수 있다. 영업인의 화장은 단순한 치장이 아니라 상대에 대한 예의이자 전투력이다. 예쁘게 무장하고, 당당히 나서서, 적극적으로 이겨 내자.

기회비용

처음 만났을 때 그녀는 명민한 마스터로, 고객 관리를 잘해 영업에서도 두각을 나타내던 시기였다. 고모의 소개로, 큰아들이 돌도 되기 전부터 교원 책을 읽혔다고 했다. 덕분에 책을 잘 알고 있었고, 조기 독서에 대한 확신도 있었다. 눈이 반짝이고 야무진 그녀에게 지국장 승진을 권하며 '잘할 수 있다'라고 설득하던 그날, 식당 풍경이 아직도 생생하다.

우리 일은 아이들과 주부를 만나는 일이기에 밝은 색 정장을 입으라 했더니, 그녀는 몸집이 커서 검은색밖에 입지 못한다고 했다. 아이들이 좋아하는 무지개 색을 입어 보자 권했던 기억도 있다. 요즘에 이런 이야기를 하면 '개인 취향을 왜 건드리느냐'는 소리를 들을지도 모르겠지만, 그때는 그랬다.

지국장 승진 후 타고난 명민함과 확신으로, 일러 주는 대로 참잘 따라왔다. 성과도 기대 이상이었다. 마감날 저녁이면 초등학생 큰아들과 유치원생 둘째가 엄마를 따라 사무실로 오곤 했다. 근처 식당에서 미리 저녁을 먹고, 엄마가 일하는 동안 의젓하게 학습지를 풀거나 책을 보았다. 책 읽은 아이들이라 다르다는 이야기가 동료들 사이에서 오갔다. 차분히 공부하는 형 옆에서 늘 까불고 장난을 치던 개구진 동생의 모습이 눈에 선하다.

그녀는 당당히 일을 하면서도 '아이들에게 집밥을 못 먹여서 속상하다'거나 '아이 때문에 회사에 오기 어렵다'는 말을 하지 않았다. 그래서 한편으론 대견하고, 한편으론 짠했다.

우리 일은 아이를 키우면서 원하는 시간만큼 일할 수 있어서, 주부들이 쉽게 시작할 수 있다. 그러나 프로처럼 돈을 벌려면 선택해야 한다. 일을 제대로 할지, 육아에 더 전념하며 아마추어처럼, 아르바이트생처럼 일을 할지 결정해야 하는 순간이 찾아온다.

무언가를 선택할 때, 두 가지를 다 하고 싶은 경우가 많이 있다. 어느 것도 놓치기가 아쉬운 것이다. 그러나 하나를 선택해야 집중해서 몰두할 수 있다. 어느 시점에 무엇을 기회비용으로 지불할지 선택해야 한다. 무엇을 선택하든 일장일단이 있다. 중요한 것은 장점을 살리고, 단점을 보완하는 일이다. 경제적 수익으로 대체할 수 있는 것은 대체하고 부득이한 것은 기꺼이 감수해야 한다. 우유부단하게 두 가지를 다 붙잡으려는 태도는 결국 욕심일 뿐, 결과도 애매해진다.

그녀는 일을 선택했고, 흔들림 없이 열심히 일했다. 아이들을 데리고 와도 불편해하시 않았고, 아이들도 엄마의 당당한 태도 덕분에 사무실에 오는 것을 힘들어하지 않았다.

그러던 어느 날, 듬직하던 그녀가 갑상선암 진단을 받았다. 소식을 듣고 당황한 사람은 오히려 나였고, 정작 그녀는 놀라울 만큼 차분하게 이야기했다. 갑작스러운 암 선고에 한 번, 그녀의 침착한 어른스러움에 또 한 번 놀랐다. 신앙으로, 두 아이 엄마로서 물러설 수 없다고 말하던 그녀는 병원으로 수술하러 들어가기 바로 전날 저녁까지도 미리 있던 선약이라며 고객 상담을 하러 나가서 또 한 번 나를 놀라게 했다.

세월이 흘러 그녀는 지금 센터장이 되었고, 아이들은 멋지게 잘 자랐다. 큰아들은 어릴 때 사무실에서 보여 줬던 모습 그대로 학업에 몰두하여 모범생으로 성장했다. 둘째는 야구 꿈나무로 어느새 엄마보다 훌쩍 큰 중학생이 되어 엄마 곁을 든든히 지킨다.

도서 영업의 가치

　큰 교회를 짓는 현장에서 벽돌을 쌓는 두 사람이 있었다. 한 사람은 자신을 단순한 벽돌공이라 했고, 다른 한 사람은 '나는 하느님의 성전을 짓고 있다'라고 말했다. 같은 일을 하면서도 한쪽은 하찮은 노동으로, 다른 한쪽은 가치 있고 자부심 넘치는 일로 받아들였다. 일의 가치는 결국 각자가 가진 생각과 관점에서 비롯된다.

　내가 지난 25년간 해 온 일은 아이들의 학습지, 전집, 외국어 상품을 판매하는 일이다. 사람들은 이를 책 장사라 부르기도 하고, 영업 사원, 외판원, 방문판매 사원이라고 말한다. 그러나 나는 이 일을 가문을 세우는 일이라고 생각한다. 아이들이 공부에서 자유로워질 수 있도록 돕는, 인생을 바꾸는 일이다.

　책을 읽는 아이는 다양한 배경지식을 쌓고, 매일 조금씩 학습하며 자기주도 학습 습관을 기른다. 영어와 중국어를 익히며 더 넓은 세상으로 건너갈 수 있는 두 날개를 단다. 물론 끝까지 버티지 못하고 중도에 그만두는 아이들을 볼 때면 안타깝다. 그렇기에 나는 더 많은 아이들이 성과를 낼 수 있도록 끊임없이 관리하고, 부모들을 설득한다. 한 명이라도 더 책 속에 빠져들기를 바라며 제대로 변화한 아이는 훗날 사회에서 소금과 같은 존재가 될 것이다.

나는 지금도 믿는다. 책이 사람을 만들고, 책이 삶을 바꾼다고. 책 속에는 인성이 담겨 있고, 아이의 미래가 있다. 내가 하는 일의 가치와 자부심은 남이 규정하는 것이 아니라 내가 선택하는 것이다. '세 살 버릇 여든까지 간다'라는 말처럼, 책 읽기의 습관은 어릴수록 강력하다. 태교에서부터 시작될 수 있다.

돌아보면 나는 내 반평생을 대한민국 아이들의 미래를 업그레이드하고, 그 가문의 역사를 바꾸는 일에 쏟아 왔다. 그것이 내가 이 일을 대하는 의미이고, 내가 지켜 온 자부심이다.

행동하는 나

스피노자는 "내일 지구가 멸망해도 사과나무를 심겠다"라고 했다. 종말론까지 가지 않더라도, 그 말은 결국 나의 유한성을 깨닫고 '지금'을 사는 자세를 말하는 것 아닐까? 왜 하필 사과나무일까. 내가 그 사과를 먹지 못할 수도 있는데도, 남을 위해 심는다는 것일까. 우주의 무한성과 인간의 유한성을 말한 것일까. 혹은 불교의 윤회론과 닿아 있는 것일까. 여러 생각이 드는 문장이다.

스피노자의 문장을 '지금 여기'에 충실하라는 뜻으로 이해한다. 내가 지금 하는 일을 마치 영원히 할 것처럼 최선을 다하는 것. 그것이 사람이 할 수 있는 가장 정직한 일이다. 그런 순간들이 모여 운명이 되고, 잘 사는 길이 된다.

마트에서 우연히 센터 교육을 듣고 출근하기 시작한 신입 선생님들이 있다. 그들은 종종 이렇게 말한다. "저는 일을 하려고 온 게 아니에요." 그러나 3개월, 6개월을 출근한다. 책이 팔리면 수당을 받는다. 일을 하려는 마음은 없었다고 해도, 수당이 들어오면 그건 일이지 않을까? 일이 아니라면 무엇을 한 것일까?

어떤 선생님은 돈을 벌겠다는 목표로 시작했지만 소개할 지인이 없어, 마트에서 하루 종일 신규 고객을 만들기 위해 애썼다. 실력도 부족하고, 운도 따르지 않아 그날 수당은 0원이었다. 그럼에도 그는 '오늘 일했는가'에 대해 스스로 어떤 답을 내릴까? 스스로는 일했다고 느끼지만, 결과가 없을 때도 그걸 일이라 부를 수 있을까?

정답은 단순하지 않다. 둘 다 일이면서, 동시에 둘 다 일이 아닐 수도 있다. 종일 출근해 있어도 수당이 생기지는 않는다. 결국 중요한 건 행동이다. 행동이 곧 나다. 마음속 다짐이나 생각만으로 자신을 속이지 말자.

머무는 시간과 장소에 맞춰 행동하는 내가 되어야 한다. 너무 먼 시간을 기약하느라 지금을 낭비하지 말자. 왜 이 시간 이곳에 왔는지는 중요하지 않다. 지금의 행동에 집중하자. 오늘을 감사하며 신나게, 적극적으로, 진하게 살아라. 삶은 '살아 내는 것'이 아니라 '살아가는 것'이다.

지국장도 신입 선생님들에게 말한다. 말보다 행동에 집중하자고. 신입도 자신의 행동을 당당히 수용해 보자. 오늘 닥친 일에 최선을 다하라. 이곳은 하루 머물다 가는 곳일 수도, 나처럼 25년을 머무는 곳일 수도 있다. 인연이 닿는 만큼 머물면 된다.

지구 여행도 마찬가지다. 영원히 살 것처럼 살아도 언젠가 홀연히 사라질 곳이다. 이 책은 나의 사과나무다.

마음먹기

좋은 성과를 내면 많은 이들이 축하해 준다. 성과가 난 이유를 우수 사례로 발표하고, 다른 이들이 따라 할 수 있도록 공유한다. 잘하는 사람, 가장 최근에 성공한 사람에게서 배울 점을 찾아 즉시 실천한다. 발표자에게도 '다른 사람이 따라 할 수 있도록 정리해서 발표하라'는 안내를 미리 한다.

성공 사례에서 빠지지 않는 첫 번째 이유는 언제나 '마음먹기'다. 그런데 왜 어떤 사람은 쉽게 마음을 먹고, 어떤 사람은 입으로만, 머리로만 하고 마는가? 돈이 드는 것도 아니고, 밥 먹듯 습관처럼 할 수도 있을 텐데 말이다. 머리에서 가슴까지 불과 20~30cm의 거리지만 그 짧은 길조차 잘 건너지 못한다.

'마음먹다'는 영어로 'Make up one's mind'라고 한다. 마음을 화장하듯 꾸민다는 뜻으로도 읽힌다. 두려움과 부정을 지우고, 소심함을 덮고, 마음에 갑옷을 입는다. 서양식 마음먹기는 그렇게 만들어 가는 것이다. 블록을 차곡차곡 쌓아 올리듯 두께를 더해 간다.

반면 우리는 마음을 먹는다고 표현한다. 꿀꺽 삼킨다는 말이다. 꼭꼭 씹어 소화해 내 것으로 만들어야 한다. 마음은 소화해야 한다. 그래서 우리의 마음먹기는 다짐, 인정, 이해가 함께 있어야 비로소 가능하다.

마음먹기는 결국 내 인생이 내 것일 때 가능하다. 자기주도가 없으면 마음먹기도 없다. 물론 마음먹는다고 다 되는 것은 아니다. 그러나 하루 일과부터 한 달의 성과, 하나의 프로젝트까지 모든 시작은 마음먹기에서 비롯된다.

야외 홍보를 나갈 때, 그냥 물건만 챙겨 나가는 사람과 '오늘 반드시 상담 자료를 세 건 확보하겠다'라고 마음먹고 나가는 사람은 결과에서 큰 차이를 보인다. 아직은 실력이나 조직은 부족하지만 '나는 연봉 1억을 달성하겠다'라고 마음먹고 출근하는 지국장은 결국 목표에 가까워진다. 혹시 그 지점에 이르지 못하더라도 과정에서 배운다. 물론 '될 때까지의 노력'이 전제된다.

'결(決)'이란 단어를 살펴보면 결단, 결정, 분별, 판단의 뜻이 있다. 나약하고 부정적인 마음을 끊어내고 꿀꺽 삼켜, 긍정과 적극, 선의 에너지를 뿜어내야 한다. 결정이란 그런 것이다. 우리는 마음을 먹고 결정을 내린다. 행동으로 옮기며 그 행동이 누적될 때 성과가 생긴다.

학생은 '공부해서 1등을 하겠다'고 마음먹고, 영업인은 '모든 아이에게 책을 읽히겠다' 마음먹고, 부모는 '아이를 잘 키우겠다'고 마음먹는다. 리더는 '본받고 싶은 선배가 되겠다' 마음먹는다. 끝점을 정해 마음먹는 것이 중요하다.

야외 홍보 활동에 나가 그냥 서 있는 사람이 있는가 하면, 거절을 당연히 여기고 적극적으로 홍보하는 사람도 있다. 상담을 가서 멋진 말만 하고 돌아오는 사람이 있는가 하면, 아이의 미래를 그려 주며 끝내 고객으로 만드는 사람도 있다. '100번 상담하겠다', '100명의 고객을 만들겠다' 마음먹는 것, 그 끝점에 닿기까지 마음을 단단히 다지는 것, 그것이 성공의 시작이다.

리더의 관리

첫인상은 기운이 세고, 소싯적에 좀 놀아 본 듯한 사람이었다. 그러나 지내고 보니 정반대였다. 술은 한 잔도 못 했고, 술 없이도 누구보다 즐겁게 분위기를 띄울 줄 알았다. 평소에는 가족 중심의 생활을 했고, 성격도 소탈했다. 무엇보다 교원의 책과 학습지를 진심으로 좋아하여, 홀로 아들을 반듯한 모범생으로 키워 낸 사람이었다.

마감일과 토요일이면 지국의 선생님들과 마스터 자녀들이 모두 사무실에 모였다. 직원들은 마감을 하며 일했고, 지국장은 아이들을 데리고 교육장에 들어가 학습지도를 했다. 그 열정과 단결력은 누구나 부러워할 만했다. 도전 의식과 영업력도 뛰어났지만, 반대에 부딪히면 활화산처럼 폭발하는 성격 탓에 종종 멈출 줄을 몰랐다. 안타깝게도 내가 만났을 때 그녀는 이미 비정상 영업으로 감사를 받은 직후라, 기가 많이 꺾여 있었다.

이런 지국장은 관리자의 세심한 조율이 필요하다. 어느 조직에나 경주마처럼 명예심과 돌파력을 가진 도전형 인재가 있다. 이들의 추진력은 조직에 큰 힘이 된다. 그러나 양날의 칼처럼, 선을 넘어가면 회사의 신용과 시장, 심지어 본인의 인생까지 망가뜨릴 수 있다. 관리자는 반드시 이들을 지켜보고, 필요할 때 단호히 제어해야 한다. 바늘 도둑이 결국 소도둑이 되듯, 작은 일탈을 놓치면 큰 문제로 이어지기 때문이다.

입사 후 첫 석 달, 지국장으로 승진 후 첫 석 달은 특히 중요하다. 이 시기를 어떻게 보내느냐에 따라, '월천여사(월 1,000만 원 수당을 받는 사람)'로 부러움과 존경받는 영업인이 될 수도 있고, 신뢰를 잃고 손가락질을 받을 수도 있다. 나는 그녀가 바른 길을 걸을 수 있도록 마음을 열고 진심으로 도왔다. 그러나 결국 그녀는 다시 비정상 영업으로 회사를 떠났다.

관리자인 내 책임일까, 그녀의 공명심 때문일까. 아마도 둘 다였을 것이다. 그러나 같은 잘못을 두 번 반복했다면, 성인인 본인이 책임을 져야 한다. 밝고, 유쾌하고, 사교적인 사람이었기에 더욱 아쉬움이 많이 남는다.

성냥팔이 소녀

무진이란 무료 진단의 줄임 말로, 홍보 행사를 통해 상담할 고객을 만드는 과정을 말한다. 판매는 두 유형의 사람에게 가능하다. 아는 사람과 모르는 사람. 지인 영업은 매우 승률이 높으나, 양에서 한계가 있고, 무진을 통한 개척 영업은 언제 어디서나 가능하지만, 고객이 될 때까지 땀과 눈물을 필요로 한다.

모르는 사람과 상담 약속을 잡아, 제대로 상품 설명을 할 수만 있다면, 얼마든지 일은 계속 이어진다. 요즘은 긴밀한 관계를 유지하는 지인이 드물다. 그러다 보니 주 고객층은 모르는 사람이 되고, 영업은 그들을 상대로 상품을 판매할 수 있을 때 시작된다.

일을 시작하고 넉 달쯤 지났을 때였다. 처음 일을 시작할 때 친여동생과 대학 동창에게 동행 판매를 하였다. 영 마음이 불편했다. 이제 지인에게 다시 가고 싶지 않았다. 아는 사람이 없으니 영업할 데도 없었다. 그래서 '모르는 사람에게 팔아 보자' 결심하며 여기저기 헤매고 다녔다. 사무실 근처에 낡은 서울대 교직원 아파트가 있었는데, 지금은 깨끗한 고층 아파트로 바뀌었다.

그날은 크리스마스 이브였다.

가가호호 방문해서 초인종을 누르고 홍보했다. 익숙하지 않은 그 일을 나처럼 소심한 사람이 가슴을 두 근 반, 세 근 반 하며 용기를 냈다.

마침내 초인종을 눌렀다. 안에서 '누구세요'라는 목소리가 들리고, 곧 실내화 끄는 소리가 가까워졌다. 그 순간, 나는 놀라서 단숨에 2층으로 올라가 숨었다. 드디어 문이 열리고 주인 아줌마가 두리번거리는 뒤편으로 크리스마스 트리의 불빛이 반짝였고, 캐럴이 울려 퍼지고 아이들의 높은 웃음소리가 들려왔다. 나는 그 순간 그 자리에서 성냥팔이 소녀로 변했다.

그렇게 시작된 발걸음에 그 집은 결국 고객이 되었다. 남편이 서울대 교수인데, 일본에서 살다 와서 한국 교육과정은 잘 몰랐다고 했다. 덕분에 학습지 하나를 팔았다.

세월이 흘러, 지국을 운영하면서, 나는 그날의 어색하고 궁색했던 경험을 기준으로 삼았다. 선생님들이 야외활동을 힘들어하지 않도록, 일을 축제처럼 만들고 싶었다.

아파트에 장이 서면 장기나 단기 계약으로 참여해서 텐트를 설치하고 여러 명이 함께 활동하게 했다. 때로는 모두가 오전 교육에 참석해 나 혼자 텐트를 설치한 적이 있었다. 한쪽 다리를 세우면 다른 쪽이 내려오고, 다시 세우면 또 반대편이 쓰러지고. 낑낑대는 내 모습이 딱했는지 옆 텐트에 일찍 나와 계시던 생선 장수 내

외분이 "어이구 여자 혼자서. 도와줄게요." 하시며 함께 힘을 보태 주셨다. 덕분에 텐트를 편하게 설치할 수 있었다. 커피 한 잔까지 건네는 그 친절이 내 마음에 오래 남았다.

우리 일을 다시 바라볼 수 있었다. 아이의 성적이 오르거나, 상을 받거나, 학교에서 칭찬을 듣는 모습을 볼 때마다 보람이 컸다. 그 순간들이 나에게 자부심이 되었다. 모두들 '국장님, 국장님' 하며 존중해 줄 때, 나도 모르게 정말 대단한 사람이 된 듯한 착각에 빠졌다.

그러던 어느 날, 생선 장수 부부가 보내던 측은한 눈빛 하나에 깨달았다. '아, 이 일은 누군가에게는 이렇게 성공처럼 보이기도 하지만 다른 이에게는 불쌍하게 보일 수도 있구나' 하고 깨달았다. 그 순간 내 자부심 위에 겸손이 더해졌다. 나는 그곳에서 겸손을 바탕으로 한 자부심을 배웠다.

누구에게 떠밀려 시작한 일도 아니었다. 내 발로 걸어 들어와 어느덧 25년. 땅 밑으로 꺼지기도 하고 하늘 끝까지 치솟기도 하며 나는 이곳에서 인생의 축소판을 살아왔다. 그 시간 동안 나는 세상을 배우고 단단해졌다.

체험학습

아는 만큼 보인다. 교원에 입사하기 전 아이들에게 많은 것을 보여 주고 체험시켜 주고 싶었다. 책에서만 배우고, 외워서 시험 보고 잊어버리는 지식 말고 체험으로 생생하게 알기를 바랐다. 방학이면 매일 도시락을 싸서, 이곳저곳 체험 장소를 찾아다녔다.

과천 식물원에서 특강과 체험이 있어 어렵게 선착순으로 참가 신청한 적도 있었다. 큰 강의장에 아이들이 가득 앉아 있고, 함께 온 부모들이 강의장 뒤에 빼곡히 몸을 부딪히며 서 있었다. 그날 주제는 벼였다. 도대체 왜 이 많은 아이들에게 벼를 보여 주는지 이해하기 어려워 의아했던 기억이 있다. 훗날 교원에서 아이들의 과학 교과서를 접하고서야 그 답을 찾았다.

그 무렵 나는 아이의 눈높이에 맞춰 무엇을 보여 주어야 하는지 잘 몰랐다. 막연한 어림짐작으로 인터넷을 헤매며 체험 장소를 찾았다. 방대한 정보 속에서 우왕좌왕했고, 결국 편중된 나의 선택이 아이의 한계가 되었다. 아이 중심이 아니라 내가 주축이 된 체험은 번번이 빗나갔다. 내가 신나서 떠들면 아이들은 지루해했고, 간식 시간이 더 즐거워 보였다. 교육의 주체를 아이로 세우지 못한 탓이었다.

입사 후에는 상황이 달라졌다. 국내외 체험학습 프로그램이 체계적으로 마련돼 있었다. 고객서비스로 활용할 수 있었고, 인원을 제한해 '직원 혜택'처럼 홍보 효과도 컸다. 내 아이와 고객의 아이들을 함께 데리고 국내 유적지를 거의 다 다녔다. 견학을 다녀오면 꼭 일지를 만들게 했고, 방문 전에는 관련 책을 읽고 오게 했다.

견학지에서는 그곳에서만 들을 수 있는 전문 가이드 선생님의 생생한 설명도 들었다. 유적지나 박물관에서 주는 팸플릿은 버리지 않고 스케치북에 붙여 자료로 남겼다. 버스 안에서는 그날 보고 온 곳에 대한 퀴즈 대회를 열어 준비해 간 선물도 풍성하게 주었다. 책을 읽고 온 만큼, 귀 기울여 들은 만큼 아이들은 잘 대답하였고 엄마들은 그 과정을 보며 만족했다. 엄마의 만족도는 우리의 사업을 원활하게 했다.

코로나로 3년간 중단되었던 해외 체험학습도 최근 다시 활기를 띠고 있다. 생활 연계로 아이들의 연수와 해외 탐방이 훨씬 수월해지고 있다. 우리는 이미 오래전부터 방학을 앞두면, 해외 체험학습팀을 초대해 센터에서 브리핑을 들었다. 아이들에게 넓은 세상을 보여 주고 싶었다. 우리 아이들 역시 캐나다와 동부 아이비리그 대학 탐방 4주, 영국 등 3개국 연수 3주, 필리핀 4주 등을 경험했다.

내 대학 시절, 해외 문호가 열리면서 배낭여행이 유행했었다. 나는 자유로운 세계 여행을 꿈꾸었지만, 차마 엄두를 못 내고 부러워만 하다가 엄마가 되었다. 그 꿈은 아이 엄마로, 일하며 받은 시상으로 조금씩 이루었다. 금강산, 일본, 괌, 파리까지.

내가 열심히 일했던 이유 중 하나는 아이들 연수 비용 때문이었다. 우리 아이들을 해외 보내던 해 여름 나는 직원 자녀들에게도 약속했다. "학습지를 열심히 하고, 책을 재미있게 읽으면 내년 여름 원하는 나라로 보내 주겠다." 엄마들에겐 '우리 힘으로 아이들의 시야를 넓히자'고 독려했다. 아이들과 엄마 모두가 희망으로 행복한 시간이었다.

남편 허락

백과사전 한 질을 산 고객이 있었다. 남편 허락 없이 먼저 계약부터 덜컥 하고 나서 우리의 고민이 시작됐다. 배달 온 책을 책꽂이에 꽂지도 못하고, 침대 밑과 옷장 속에 숨겨야 했다.

그녀는 남편이 퇴근할 즈음이 되면 집을 깨끗이 청소해 놓고 책을 한 권 꺼내 아이와 열심히 읽었다. 조용하고 깨끗한 집에 도착한 남편이 아이가 책을 보고 있는 모습을 보고 싫어할 리가 없었다.

엄마는 아이에게 말했다.

"안 돼~. 침 묻혀 넘기면 안 돼. 국장님 돌려줘야 돼."

"안 돼~~. 책 깨끗이 봐야 해. 우리 거 아냐. 국장님에게 빌려온 거야."

사흘 뒤 남편이 이야기했다.

"왜 애를 기를 죽여! 그 책 얼마야?"

지어낸 이야기 같지만 실화다. 지금은 센터장이 된 지혜로운 어느 영업인 엄마의 이야기다.

이 경험을 통해 책은 엄마가 사는 것에서 끝나는 게 아니라, 아이가 읽는 게 핵심이라는 것을 알았다. 그래서 우리는 엄마와 머리를 맞대고 어떻게 책을 읽힐지 방법을 찾았다. 무릎에 앉혀 직접 읽어 주는 것만큼 좋은 건 없었다. 그것은 정서적 교감이자 인지적 성장이고, 부모와 아이의 소통이었다. 워킹맘이라면 책 도우미를 두기도 하고, 읽은 책마다 뒤집어 꽂거나 스티커를 붙여 성취감을 주기도 했다. 칭찬과 선물로 동기를 주거나, 엄마 목소리를 녹음해 들려주기도 했다.

요즘은 세상이 달라졌다. 책을 애니메이션처럼 만들어 보여 주는 영상도 있고, 전문 성우가 재미있게 읽어 주는 서비스도 있다. 아빠가 함께 상담하는 경우도 많다. 아빠가 교육에 적극 개입하는 경우가 많아졌다. 아빠가 육아휴직을 내는 경우도 심심치 않게 본다. 참 바람직한 일이다. 때로는 사공이 많아 배가 산으로 가는 경우도 있지만 적어도 교육은 이제 부부가 함께 책임지는 일이 되고 있다.

그럼에도 여전히 현실은 녹록지 않다. 아내가 진심으로 원해도 남편 반대로 구매하지 못하는 경우가 많다. 왜 부부 사이의 결정에 서로의 존중이 부족할까 하는 의문이 남는다. 가정이라는 집은 두 기둥으로 서야 한다. 각자의 영역과 의견을 인정하고 존중해야 하지 않을까.

결국엔 영업인이 제대로 더 확신이 가도록 상담하지 못하고 있다는 생각을 지울 수가 없다. 고객이 좋으면 좋은 것이고, 싫으면 싫은 것이다. 이를 해결하는 것이 나의 몫이요 영업인의 역할이다.
남편의 허락조차 넘어서야 하는 우리의 일상 과정일 뿐이다.

책임

여느 주말처럼 고객들이 자녀와 함께 와서 센터가 북적임으로 활기찼다. 발령 받은 지 얼마 되지 않은 날이었다.

"담당자 어딨어!"

자그마한 체구의 여성분이 소리를 지르며 뛰어 들어왔다. 뒤이어 거구의 점잖은 남성이 침착한 저음으로 관리자를 찾았다. 많은 고객이 있는 참이라 얼른 뛰어나가 자초지종을 물었다. 여자분은 일부러 그러는 듯 큰소리를 내며 소란을 피웠다. 모든 고객의 이목이 집중되어 술렁거렸다. 겨우 진정시켜 1층 카페에서 이야기를 나누었다. 아버지라 소개한 남성은 담담하게 사정을 설명했다.

딸이 이곳에서 일하며 빚을 많이 졌다는 것이었다. 집에는 책 상자가 많이 쌓여 있었고, 아버지 몰래 친정어머니가 카드 빚을 갚아 주다 뒤늦게 아버지가 알게 되어 동행한 것이었다. 어머니는 격앙된 목소리로 흥분을 감추지 못했고, 아버지는 상황을 정리하며 선처를 부탁했다.

전임 관리자 때 일어난 일이지만, 잘 해결되도록 최선을 다해 노력하겠다 약속하고 헤어졌다. 아버지는 '해결이 안 되면 아는 언론인이 많이 있다'고 아리송한 말을 덧붙이고 자리를 뜨셨다.

나는 해당 지국장과 사실 점검도 하고 회사에 보고도 하며 원만한 해결이 되도록 여러 사람들에게 요청했다. 선생님 집도 방문해 현장검증도 하고 이야기도 들었다. 정말 집에는 책이 많이 쌓여 있었다.

지국장은 회사 징계를 받고, 재발 시 퇴사라는 경고도 받았다. 문제의 그 선생님은 미취학 딸을 키우며 자녀를 위해 필요하다며 아이가 읽기엔 한참 위 단계 고학년 책을 두겠다고 고집했다. 심정은 이해하지만 욕심이었다. 다음에 다시 살 수 있으니 지금은 회사에 모두 반납하자고 설득했다. 설득 끝에 일부는 반납했지만, 끝내 그녀의 뜻대로 몇 권은 남겼다. 다행히 사건은 일단락되는 듯 보였다.

그러나 며칠 뒤, 일이 다시 시작되었다. 언론인 지인이 많다던 아버지가 실제로 제보를 했던 것이다. 작은 신문사에서부터 MBC 기자까지 사무실로 카메라맨을 앞세워 고압적인 태도로 들이닥쳤다. 사건은 태풍처럼 커지고, 전국으로 번져 갔다. 그 중심에 내가 있었다.

뉴스에는 연일 그 선생님의 인터뷰가 나왔다. 극적인 효과를 위해서였을까, 화면 속 그녀의 집은 빈 책 상자로 또다시 가득 차 있었다. 그간 그녀를 위해 애써 온 그 진심과 노력이 허무해졌다. 회사는 피해 보상을 요구받았다.

시스템에도 문제가 있었을 것이다. 관리자 책임도 있었을 것이다. 하지만 이곳은 영업하는 곳이다. 정해진 시간에 정해진 일을 하고, 정해진 돈을 받는 월급자와는 다르다. 영업은 성과에 따라 보상이 결정되는 자리다. 정해진 월급을 받는 일이 아니기에 더더욱 성실하게 바르게 하는 것이 핵심이다. 대다수는 성실히, 제대로 일하지만, 누군가는 선을 넘어간다. 법치국가에도 범법자가 있듯 말이다.

결국 선택의 책임은 본인에게 돌아온다. 불에 데이면 내가 아프고, 흉터도 내게 남는다.

언젠가 구조를 바꿀 수 있는 자리에 오른다면, 그때는 잊지 않고 개선해야 할 것이다. 하지만 그 전에, 스스로 잘못된 길을 가지 않도록, 당하지 않도록 늘 바르게 판단해야 한다. 씁쓸한 시간이었고, 한 사람을 잃은 시간이었다.

몰두

중국에서 건너온 한 조선족 신임 지국장이 있었다. 억양이나 발음도 한국인과 거의 차이가 없었다. 부지런하고 생활력이 강하고, 교육열도 높았다. 고향에서 일본어를 전공한 재원이었다.

생활력이 강한 조선족들은 중국 공산 체제하에서 언어가 문제가 되지 않는 자유와 기회를 찾아 한국으로 들어왔고, 십여 년 사이에 눈에 띌 만큼 많아졌다. 1세대가 먼저 들어와 갖은 고생으로 정착하면 남은 가족, 친척들이 1세대를 중심으로 하나둘 들어왔다. 떨어져 살더라도 그들 간의 유대감은 아주 긴밀했다. 생존과 관련 있기 때문인지, 아직 우리처럼 자본주의 사회에 맞춰 특화되고 있는 핵가족의 진행이 덜 되었는지는 모르겠다. 내가 본 그들은 부지런하고, 절박하고, 경계심이 많고, 교육열이 높았다. 한 가지 일만 하는 사람은 드물었다. 보험, 다단계 등 서너 개의 일을 동시에 해내며 치열하게 살았다.

그녀도 예외가 아니었다. 식당, 보험 등 여러 일을 하다 자녀 학습 관리로 교원과 인연이 닿아 채용된 것이다.

센터장으로서 마스터가 지국장으로 승진할 시기가 되었다고 판단되는 시기가 있다. 야외 홍보와 관리에 익숙해지고 선배 지국장의 단점이 보이기 시작할 때가 바로 그때다. 선배 지국장이 이상한 사람이어서가 아니다. 더 배우고 성장하기 위해 분리될 시기가 찾아오는 것이다. 그녀도 마침 그 단계에 있었다. 승진한 그녀에게 나는 말했다. "제대로 하고 싶다면 첫 1년은 미친 듯이 살아 보자. 실력이 붙을 때까지, 조직이 10명은 될 때까지 시간과 노력을 아낌없이 투자해야 한다. 목표를 낮출 게 아니라 시간을 늘리고 노력을 키워야 한다."

그녀는 그 말을 곧장 행동으로 옮겼다. 하나를 알려 주면 둘을 해내는 자기주도적 활동가였다. 게다가 선배 지국장에게서 상담도 잘 배웠고, 몇 차례 동행 후에는 혼자서 현장을 누빌 만큼 빨리 익혔다. 사실 혼자 나가 상담하고 활동할 수 있도록 만드는 것이 최고의 교수법이다. 그것을 못해서 늘 대신해 주는 것은 늘 내 밑에 두고 수하로 데리고 있고 싶거나, 위임해 줄 요소가 없거나 가르칠 실력이 없는 것이다. 나는 그녀가 자립할 수 있도록 혹독하게 훈련시켰다.

이국 땅에서 반드시 성공하고 싶다는 그녀의 열정은 종종 웃음을 자아내기도 했다. 어느 추운 겨울날 아침, 사무실을 분주히 오가던 그녀를 보고 대놓고 묻지 못하고 한 직원이 내게 와서 물었다. "센터장님. 저 지국장님 옷이 좀 이상하지 않아요? 설마 레깅스만 입고 출근한 건 아닐 테고요."

알고 보니 하루 종일 해야 할 일들에 몰두한 나머지 치마를 입는 것을 잊은 채 검정 스타킹 차림에 외투만 걸치고 출근한 것이다. 외투를 벗고 온 사무실을 활보했는데 누구도 눈치채지 못할 만큼, 그녀의 당당함과 집중력은 가히 놀라웠다. 너무 당당해서 다른 많은 이들이 치마를 안 입고 온 것이라 의심을 할 수조차 없었다.

순간 쥐구멍이라도 찾아야 할 만큼 얼굴이 홍당무가 되어 부끄러워했으나, 그녀의 열정과 몰입은 모두를 감동하게 했다.

멋진 사람이었다. 지금도 함박눈 펑펑 내리는 겨울 오전, 유치원 행사장에서 야외 홍보를 하던 그녀가 하얗게 눈을 온몸에 뒤집어쓴 채, 환하게 함박 웃음 짓던 모습, 그 순간을 담은 인증샷은 여전히 내 마음속에 선명하다.

쇄소응대(灑掃應對)

쇄소응대란 집 안팎을 깨끗이 청소하고, 웃어른의 부름이나 물음에 응하여 상대한다는 말이다. 중국 송나라 유자징이 주희의 가르침을 받아 편찬한 아동용 교양서 소학에 나오는 가르침이다. 선조들이 아이들에게 반드시 읽히던 책이다.

쇄(灑)는 물을 뿌리는 것, 소(掃)는 쓸다, 응(應)은 응하다, 대(對)는 대하다는 의미이다. 즉 물을 뿌려 마당을 쓸고 손님을 공손하게 맞이하는 것을 뜻한다. 소학에서 나이가 어린 사람이 해야 할 일로 가르쳤으며, 어린이가 집안에서 해야 할 기본적인 예절과 덕목을 의미한다.

내 주변을 깨끗이 치우고, 내 몸과 마음을 정갈하게 한 뒤에 일을 하는 것은 어른에게도 중요한 습관이다. 그러나 나 역시 그러지 못한 적이 많았다. 읽고 기억하고 버리면 될 정보지를 대충 읽고 나중에 다시 읽어야지 하며 쌓아 두었다.

바로 처리해도 될 수많은 데이터 종이는 버려도 되는지 판단하지 못해 쌓여 갔다. 판단력 부족이었다. 현안이 바쁘다고 즉시 정리정돈하지 않은 많은 물품들이 책상 주변에 가득했다. 나태함이었다. 제때 제자리를 정해 두지 않아 이것저것 섞여 있어 정작 필요할 때 찾느라 시간과 수고로움이 들었다. 욕심을 덜지 못해 이것저것 덜 필요한 물건이거나 심지어는 여러 개 중복되는 물건들이 쌓여 있었다. 분별없음과 욕심, 게으름의 산물로 너저분한 주변과 컴퓨터 속 환경은 나의 정신 머리와 습관의 증거들이다. 지금도 책상을 돌아보니 부끄럽다.

영업 현장도 다르지 않다. 고객은 왕이라 한다. 센터장의 VIP는 지국장이다. 지국장의 VIP는 함께 일하는 선생님이다. 선생님의 VIP는 고객이다. VIP를 만나는 데 첫 준비는 무엇일까? 정리정돈이다. 버리고, 비우고, 닦고, 쓸고, 그리고 그 자리에 감동을 채워야 한다. 센터에 발령 나면 늘 대청소와 물청소부터 한다. 바닥이 깨끗해지고 공기가 맑아져 아픈 사람이 줄어든다. 마음도 정신도 맑아진다.

책상도 비우자. 창고도 비우자. 아까워 쌓아 둔 사은품 책들, 판촉물들, 아낌없이 마중물로 고객에게 보내자.

성공 원리는 간단하다. 물건을 쌓아 두면, 먼지도, 오염 물질도, 오염 정신도 쌓인다. 고객만 남기고 다 비우자. 내 마음속 먼지도 자주 털어내자. 미움도 불안도 걱정도 청소와 함께 날려 보내자. 먼지처럼 소리 없이 쌓이고 잡초처럼 무성한 부정의 감정을 주기적으로 치우고 뽑고 비우고 닦자.

버리고 닦고 비워 내는 순간, 가벼움과 생기가 들어온다. 빈자리에 끈끈한 동지애로 앞뒤로 받쳐 주는 동료와 선후배에게 감사함으로 채우자. 고객에게는 만족을, 회사를 향해서는 감사와 긍정을 채워 넣자. 쇄소응대의 마음은 공간을 비우고 관계를 단정히 하여, 더 큰 성과와 행복으로 이어진다.

책

초등학교 때 좋아했던 책은 《키다리 아저씨》였다. 키다리 아저씨의 후원으로 씩씩하게 공부하며 성장하는 이야기, 사랑 이야기다. 중학생이 되어서는 10권짜리 몽고메리 원작의 《빨강머리 앤》을 읽었다. 주근깨투성이에 눈에 띄는 빨강 머리를 가진 몽상가 고아 소녀 이야기다.

일꾼으로 도움이 될 남자아이를 바랐는데 잘못되어 마음씨 좋은 농부 남매의 집에 입양되어 겪게 되는 성장기 소설이다. 학교에서 만난 짓궂은 남자친구와 어른이 되어 결혼하고, 막내딸 이야기까지 한 여성의 일생을 그린 긴 이야기다.

그 무렵 내가 좋아한 또 다른 책은 《폭풍의 언덕》, 《제인 에어》다. 《폭풍의 언덕》은 집으로 데려온 고아 소년 히스클리프와 주인집 딸 캐서린이 사랑하지만 끝내 어긋나고 마는 비극적 이야기다. 《제인 에어》는 고아 소녀 제인이 가정교사로 들어가 주인 로체스터와 사랑에 빠지지만, 그에게 이미 숨겨진 아내가 있다는 사실 때문에 큰 시련을 겪는다. 그러나 모든 고난을 지나 결국 두 사람은 다시 만나 진실한 사랑을 이루게 된다. 감수성 예민한 사춘기 때 읽은 글들은 전부 여자가 주인공이며 씩씩하고 주도적으로 사랑을 찾고, 책임지는 이야기다.

내 일기장 이름을 키티로 부르게 만든 《안네의 일기》. 아우슈비츠 수용소에서도 존엄한 인간의 승리를 찾아낸 사람의 이야기, 《죽음의 수용소에서》. 대학생이 되어 수호지 양산박에서의 송강을 중심으로 108명의 의로운 도적들 이야기인 《수호지》. 유비, 조조, 손권이 나오는 《삼국지》. 도쿠가와 이에야스가 일본 전국시대를 통일하는 《대망 시리즈》. 사랑을 찾아 헤매던 소녀는 어른이 되어 무리의 대장이 되는 일련의 글들로 리더를 꿈꾸었다.

책은 결국 사람을 만든다. 준비 없이 우연히 끌리는 대로 읽었던 책들이었지만, 그 책들이 내게 사랑을 꿈꾸게 하고, 리더를 동경하게 만들었다. 만약 더 어릴 때 제대로 된 길잡이 책을 만났다면 내 인생은 또 달라지지 않았을까 하는 아쉬움도 있다.

교원의 책들은 언어, 사회, 과학, 외국어 등 다양한 분야와 연령을 아우르는 책들이 있다. 아름다운 단어와 글을 보완하는 그림, 풍부한 상식과 지식이 담긴 책들이다.

그러나 요즘 많은 고객들이 집에 책을 들이는 것을 싫어한다. 깨끗하고 멋진 인테리어에 방해가 된다고 생각하기 때문이다.

아이들이 어릴수록 예쁜 책 속에 풍덩 빠졌으면 좋겠다. 초등학교 3~6학년까지는 다양한 분야의 책을 두루 읽히기를 권한다. 그 뒤에는 서울대 인문고전 100선, 하버드 인문고전 100선 등을 비롯한 중, 고등학교 필독서를 접하면 좋다. 매달 학원비만큼만 책값에 투자해 보자. 고등학교를 졸업할 때까지 그렇게 한다면, 책이 아이들의 인생을 바꾸어 놓을 것이다.

식당

신혼 때 나는 일을 하지 않는 가정주부였다. 그때는 종일 집에 있고, 남편은 야근으로 늦을 때가 많아 혼자 밥 먹을 때가 많았다. 주말이 되면 남편은 오랜만에 집밥을 먹고 싶어 했으나, 나는 바깥에서 맛있는 외식 하기를 원했다.

처음 회사를 나올 때 밖에서 먹는 밥이 참 좋았다. 이제 직장생활 25년, 나도 어느새 집밥이 그립다. 25년간 최소 점심 한 번은 외식을 했으니, 25일 곱하기 토요일과 일요일을 제외한 5일에 52주를 곱하면 6,500번쯤 된다.

그 시간 동안 수많은 식당의 흥망성쇠를 보았다. 처음에 식당에서 밥을 먹는다는 자체가 즐거움이었다. 사업을 오래 하고, 많은 사람을 만나고, 원하는 성과를 만들려고 노력하면서, 장사를 어떻게 하면 잘할지 알게 되었다. 요즘은 처음 간 식당에서 하는 재미있는 나만의 버릇이 생겼다. 우선 음식 가격을 보고, 다른 집과 비교해 본다. 테이블 개수도 세어 본다. 붐비는 점심시간을 가정하여 현재 식사 중인 테이블 비율도 보고, 몇 번의 회전율을 가늠해 하루 매상을 추측하기도 한다. 영업시간과 손님이 몰리는 시간대,

주방의 청결 상태도 눈여겨본다.

테이블 상태, 음식의 맛, 반찬의 조화. 매운 것만 가득한 집도 있고, 매콤한 것과 담백한 것이 어우러진 집도 있다. 하지만 무엇보다 중요한 건 종업원의 태도다. 친절과 배려, 자발성, 기운 등을 통해 사장님의 마인드까지 엿볼 수 있다.

식사를 하며 이 집이 잘되는 이유 세 가지, 저 집이 잘 안되는 이유 세 가지를 곱씹다 보면, 금세 흥할 집과 문 닫을 집이 보인다. 잠깐의 식사 시간이지만 나에게는 반찬만큼이나 쏠쏠한 관찰의 재미가 된다.

식사

워런 버핏은 두 가지의 유형의 식사를 하는 것으로 유명하다. 매일 아침 출근 길에 맥도날드 햄버거로 식사를 한다. 전날 투자 성과에 따라 좋은 성과를 거두었다면 가장 비싼 세트메뉴를, 그렇지 않으면 2달러짜리 메뉴를 고른다고 한다. 수십조 원의 재산을 가진 세계적인 부호가 이런 검소한 습관을 지녔다는 건 아이러니하다.

반면, 일 년에 단 한 번 특별한 점심 자리를 갖는다. 샌프란시스코의 빈민 구제 단체인 글라이드 재단을 돕기 위해 '버핏과의 점심'을 경매에 부치는 것이다. 최고가로 낙찰받은 사람은 최대 7명의 동반자와 함께 뉴욕의 고급 레스토랑에서 버핏과 약 3시간 동안 식사를 나눈다. 2023년 낙찰가는 무려 50억 원에 달했다. 이 자리에서 나눈 대화는 투자와 인생, 사업에 대한 조언뿐 아니라 새로운 기회의 문을 열어 준다. 밥 한끼가 곧 기회가 되는 셈이다.

영화 '웰컴 투 동막골'에는 리더십이 뛰어나 마을을 일치단결 잘 이끄는 이장님 한 분 나온다. 어떻게 그렇게 마을 사람들을 잘 이끌 수 있는가의 질문에 '멕이지'라 대답하는 장면이 있다. 잘 먹인다는 말이다.

함께 무언가를 먹는 것은 참 중요하다. 우리 회사의 초창기 이야기도 마찬가지다. 회사를 창립한 회장님의 초기 이야기들이 전설처럼 선배들에게서 전해진다. 영업을 목이 쉬도록 가르쳐서 상담을 내보내고 나면, 저녁이 되어 하나둘씩 상담 후 들어오는데, 실패한 경우는 반드시 사무실로 들어오게 해서 밥을 먹이고 보내셨다 한다. 이미 앞에 들어온 사람과 식사를 했는데, 뒤에 들어온 영업사원이 저녁을 먹지 않았을 때면 두 번이고, 세 번이고 다시 식사를 함께 하셨다.

40년 전, 밥값으로 당시 집 한 채만큼 쓰셨다고 전해 들었다. 밥값 아끼지 마라. 사업하는 지국장이 먹는 것 싫어하면 안 된다. 실제로 나도 처음 사업을 시작할 때 매일 혼자서 대충 때우던 점심을 대신해 즐거운 이야기, 아이들 이야기, 교육 이야기를 나누며 맛있는 식사를 대접받던 그 시간이 참 좋았다.

신입이 오면 근처의 깨끗하고 맛있는 식당을 예약해 한식, 일식, 양식으로 바꿔 가며 대접했다. 예약조차 필요 없는 곳도 일부러 예약해 두어 준비된 만남임을 느끼게 했다. 식사는 서두르지 않고 충분한 시간을 들였고, 가능하다면 반드시 1대1로 진행했다. 단둘이 마주 앉아 어색함을 풀고, 친밀감과 신뢰를 쌓는 시간은 무엇과도 바꿀 수 없는 귀한 기회였다.

식사 대상에는 우선순위도 있었다. 첫째가 신입 선생님, 둘째가 높은 성과를 위해 도전할 선생님, 셋째가 문제가 발생할 여지가 있거나 문제가 발생한 선생님 순이다. 지국장과 식사를 하고 나면, 자녀 교육의 희망이 생겼고, 사업의 목표가 생겼고, 상담 갈 기운을 얻었고, 불편한 마음의 문제를 덜었다.

미리 이야깃거리를 준비했고, 이야기 나누는 데 집중하다 보니 식사를 끝내지 못하는 게 오히려 자연스러운 풍경이었다. 그렇게 평범한 주부가 영업인으로, 리더로 변신해 갔다.

센터장이 되어서도 지국장, 마스터, 선생님과 1대1 식사를 지속했다. 사실 적지 않은 에너지가 드는 일이다. 교육을 많이 한 날이나, 컨디션이 좋지 않은 날은 쉽지 않다. 하지만 돌이켜 보면, 함께 밥을 먹었던 선생님들이 어느새 지국장이 되고, 마스터가 되어 있다. 역시 동막골 이장님 말처럼, 리더는 잘 먹는 사람, 멕이는 사람이어야 한다.

2장

관계

태양이 둘일 수 없다

　처음 센터를 옮겼을 때의 일이다. 새로운 환경에 적응하느라, 새로 만난 센터 식구들과 관계를 쌓느라 온 마음을 쏟아야 했다. 입사 이래 10년간 한곳에서 동고동락하며 정을 주고받은 터라, 익숙한 그곳이 늘 그리웠다. 나만 그런 게 아니라, 예전 센터 식구들도 새로운 센터장에게 쉽게 마음을 주지 못하고 힘들어했다.

　어느 날 예전 센터의 지국장이 어떤 문제를 두고 내게 물어 왔다. 반가운 마음에 답했는데, 그 지국장은 현재 센터장에게도 같은 질문을 했었나 보다. 두 센터장의 스타일이 다르니 답도 달랐다. 물어본 말에 별 뜻 없이 답해 준 탓에 구설수에 올랐다.

　그때 알았다. 하늘의 태양은 둘일 수 없다. 나는 그저 현재의 센터장에게 물어보라고 했어야 했다는 것을 그제야 깨달았다. 그이후로 늘 현재의 센터, 현재의 장소에서 만나는 사람에게만 충실하려고 애쓴다. 지금! 바로 여기! 내 눈앞의 사람, 순간, 시간, 공간에 집중해야 한다.

　그 일 이후 예전 식구들과 연락을 거의 하지 않는다. 그래서 때로는 차갑다는 오해를 사기도 한다. 그러나 현재 만난 식구들에게

온 마음을 열고 진심으로 집중하려고 노력한다. 그럼에도 불구하고 예전 센터의 아끼던 이가 실적이 곤두박질치고 있으면, 뭐라도 하고 싶어진다. 전화라도 하고 싶고, 이야기라도 해 주고 싶고, 격려도 질타도 하고 싶은 충동이 스멀스멀 올라온다. 심지어 묻지도 않았는데 말이다. 이미 그 하늘엔 태양이 있는데도 나의 오지랖은 끝없이 펼쳐져 갔다. 나의 오만이며 현재에 대한 태만이다.

그래서 나는 기도로 마음을 달랜다. 바람결에라도 내 축원이 닿을 수 있기를. 늘 안녕하기를. 그들의 안녕을 바랐던 그 순간, 나 또한 많은 선배들과 지인들의 기도 덕분에 여기까지 온 것임을 깨닫는다. 감사한 시간이다.

태양이 하나일 때 세상은 따뜻하다. 태양이 저물면 마땅히 휴식이 찾아온다. 내가 억지로 또 다른 해를 띄우려 한다면, 그것은 누군가의 밤을 방해하는 일일 것이다. 혹여 내가 보낸 빛이 누군가의 휴식을 방해할 수 있음을 깨닫는 시간이다. 이제는 태양은 둘일 필요가 없다는 사실을 안다.

보기 전 믿지 않는다

참 오랫동안 중간 마스터를 했던 사람이 있다. 출근만 하면 오전마다 부지런히 야외 홍보를 나가고, 인증샷도 올렸지만 정작 보고는 거의 없었다. 사람들 사이에선 '교육을 피하려고 밖으로만 나간다'는 말이 돌았다. 사실, 오전엔 집체 교육을 듣고, 지국장과 활동 계획도 점검하며 상담 준비를 하는 것이 일반적인 일이다. 나도 자연스레 의심이 들었다.

그래서 하루는 옆에 앉혀 두고 조심스레 물었다.

"활동은 매일 나가는데 왜 결과가 없을까?"

그때 들은 답에 무릎을 쳤다. 그녀는 낯을 많이 가리는 성격이라 오전에는 실제 영업이 아니라, 오후를 대비해 입을 풀고 마음을 다잡는 연습을 한다는 것이다. 한 사람도 만나지 못해도 중얼중얼 연습하고, 입도 풀고 몸도 풀고 고객 앞에 설 준비를 한다는 고백이었다.

관리자가 되어 남의 말과 겉으로 보이는 모습만으로 섣부르게 판단하고 오해했다. 천천히 관찰하고, 직접 묻고, 들어 보면 오해는 이해로 바뀐다. 따뜻한 시선으로 조금만 천천히 보면, 많은 것이 이해된다. 특히 사람과의 관계에서는 따뜻한 시선이 필요하다.

믿음이 생기면 오해할 만한 상황에서도 그럴 만한 이유가 있겠지라고 생각하게 된다. 오해에서 한 글자만 바꾸면 이해가 된다. 오해와 이해는 한 생각 차이다. 성급함 대신 기다려 주는 인내심이 필요하다.

관리자는 조직원과 서로 믿음을 쌓고 억측보다 경청으로 이끌어야 한다. 관리자가 이해하지 않으면 누가 이해할까. 늘 열린 사람, 이해하는 사람, 경청하는 사람으로 자리해야 한다. 내가 직접 보지 않은 일을 함부로 단정하지 않는 것,-그것이 관리자의 태도라 생각한다.

제 눈의 들보

어느 사회에서나 지각쟁이는 있다. 내가 사업국장일 때 늘 지각을 하는 동료가 있었다. 나는 조직에서 기본이라고 하는 출근, 센터 교육, 궂은일 봉사 등을 참 잘한다고 생각했다. 그래서 그녀의 태도가 못마땅했다. 그러나 돌아보면 그 역시 오십 보 백 보였다. 똥 묻은 개가 겨 묻은 개 나무라는 것이었다.

그 시절 우리는 비슷한 성과를 내며 앞서거니 뒤서거니, 매달 우열을 다투곤 했다. 우수 사업장 경진대회에서도 늘 선의의 경쟁자로 맞섰다. 말하자면 우리 둘 다 한때 총괄단의 스타였다. 같은 사무실에서 지냈지만, 각자 일에 파묻혀 지내느라 사적으로 대화를 나눈 기억은 거의 없다. 아마도 내가 워낙 비사교적인 탓이었을 것이다. 지금 생각하면 사회적인 예의, 스몰 토크 정도는 했어도 되었을 텐데 워낙 친하지 않은 사람과 어떤 이야기를 해야 할지 몰랐던 나였다.

어느 날 우연히 그녀의 연봉이 나보다 조금 더 많은 것을 보고 깜짝 놀랐다. 나의 자만심이 순식간에 부서졌다. 그때는 자만심이라 생각하지 않고, 옳고 그름이라 생각했다. 어떻게 기본도 안 지키고, 자신의 일만 하는 사람이 더 많은 연봉을 받아 가지? 나는 조직이 시킨 것에 대해서 언제나 아무 말 없이 다 이행했다. '교육하라면 하고, 늦어도 사무실로 복귀하라고 하면 복귀하고, 일찍 오라면 일찍 오고 다 했는데 왜 차이가 나는 거지?'라는 생각이 저절로 들었다. 순간 분노에 눈이 멀어 마음이 싸늘하게 식었다. 일에 대한 열정이 순식간에 사라지고 말았다. 그런 알량한 마음에 사표를 제출했다.

　일 잘하는 사업국장이 이유 없이 하루 아침에 그만둔다 하니, 조직은 비상이 걸렸다. 부끄러운 건 알았을까 왜 갑자기 그렇게 했는지 누구에게도 말하지 못했다. 나를 설득하다 하도 고집불통이라 사업처장이 금식기도를 한다고 했다. 이게 뭐라고 그 중요한 밥을 안 먹는다니. 나는 한 끼만 안 먹어도 못 사는데 싶어 깜짝 놀라 내 생각을 고쳤다. 여러 사람의 노력으로 어렵게 설득되어 결국 오늘까지 이 길을 걸어올 수 있었다. 지금 생각해 보면 정말 부끄럽다.

　이 일의 본질은 영업이다. 영업 성과로 연봉이 정해진다. 기본은 나 같은 영업력 없는 보통 사람이 영업 성과를 내기 위해 필요한 과정일 뿐이다. 교육도 그러하다. 교육을 하면서 내가 배운 것이 더 많았다. 제 눈의 들보는 보지 못하고, 남의 눈의 티를 보았다. 질투에 눈이 뒤집혔을 뿐이었다. 누구나 시작할 수 있는 것이 영업이다.

　누구나 시작할 수 있는 일이지만, 그중에 영업력이 뛰어난 사람이 있다. 인정해야 한다. 그들에게 박수와 격려를 보낸다. 영업을 잘하는 사람들 중에 타고난 사람도 있고, 이 곳에 입사해서 경험으로 잘하는 사람도 있고, 나처럼 기본을 지키고, 교육받고, 교육하고, 꾸준함으로 잘하게 되는 사람도 있다.

교육과 훈련과 성실한 노력에 의해 영업력은 계발할 수 있다. 각자의 노력에 달린 것이다. 인품이 있는 능력 있는 영업인이 되면 가장 훌륭하다. 인품만 있고 영업을 못하면 영업인에 걸맞지 않다. 내 능력이 부족하면 내 능력을 키우는 것이 우선이다. 능력이 있는 사람이 수양을 통해 자신의 인품을 갈고닦는다. 그때의 나는 인품이 부족했지 않았을까. 지금에 와서야 반성한다.

상대에 맞춘다

　사람을 여러 방식으로 분류하는 일은 흥미롭다. 특히 사람을 상대해야 하는 영업사원에게는 사람을 잘 아는 것이 무엇보다 중요하다. 지피지기 백전불태. 손자병법의 핵심 전략처럼, 상대를 알고 나를 아는 것이 승리의 길이다.

　영업을 하다 보면 타인의 눈에 비친 나를 통해 내가 누구인지 새삼 깨닫게 된다. 정작 나는 나 자신을 잘 알지 못한다. 내가 아는 '나'는 실제의 내가 아니라, 되고 싶은 '나'일 때도 있다. 이 사실을 알기만 해도 큰 소득이다.

　고객을 만날 때 우리는 그들의 성향을 '머리형, 가슴형, 장형'으로 나누어 접근한다. 작은 단서로 상대를 파악하고, 그에 맞게 상담 방법을 바꾸면 공감대 형성이나 소통이 훨씬 수월하다.

　고객이 머리형이라면 정확하게 정보를 제공해야 한다. 왜 그 책을 그때 읽어야 하는지 발달 이론이나 교육과정, 교과서 등을 짧고 정확하게 제시한다. 가격이 얼마나 합리적인지 총 금액, 할부 개월, 월 납부 금액, 사은품 등을 명확하게 알려줘야 한다. 이런 선생님을 훈련시킬 땐 하나하나 논리적이고 객관적인 자료로 이해시켜야 진도가 나간다.

가슴형의 고객은 기분파다. 감성과 감정을 넘나들기 때문에 많은 자료보다 감성을 자극할 자료와 멘트들을 준비하면 좋다. 책을 읽고 아이가 바뀔 미래의 희망찬 모습, 자신 있게 학교에서 발표하는 모습을 상상하게 한다. 학교 예습을 준비하지 않고 가서 보지도 듣지도 못했던 소리를 들으며, 1시간 내내 앉아 있으면 도대체 우리 아이는 옆 친구가 말하는 것을 보는 것 말고 할 수 있는 게 무엇일까?

성격이 급하거나 적극적인 아이는 정확하게 내용을 알고 학교에 보내야 한다. 제일 먼저 손을 들 테니 말이다. 소심하고 내성적인 아이는 많이 알고 보내야 한다. 가슴 콩닥거리다 다른 친구가 발표하고 제일 나중에 더 발표할 사람 없니 할 때 말할 거리가 있어야 한다. 병 주고 약 주고. 일어날 수 있는 상황을 생생히 그려내 눈앞에 보여 준다.

고객이 된 후에 재구매를 할 때도 판매할 상품과 함께 고객이 좋아하는 달달한 라떼, 향기 가득하고 화사한 프리지어 한 다발을 들고 가는 것도 좋다. 평소 고객 관리 시에도 경조사를 챙기는 것이 중요하다.

가슴형 선생님이라면 칭찬하고 기분을 좋게 하는 것이 필요하다. 흥을 돋우고, 할 수 있다는 자신감으로 무장시킨다.

장형은 의리파다. 일 없이도 만나고, 형님 아우하는 사이가 되어야 한다. 아이의 교육 상담 말고도 친분을 쌓아 두고, 마감이 시급하면 전화가 가능한 사람들이다. 도움 주고 은혜를 많이 베풀면 적금 같은 사람이 된다. 물론 이런 계산으로 사람을 대한다는 것은 아니다. 장형 선생님은 해 보자고 하면 벌써 나가서 자리에 없다. 몸으로 먼저 배우고 현장에서 체득시켜야 한다.

그렇다면 어떤 사람이 좋은 사람일까? 나와 꼭 맞는 사람만 있을까? 아니다. 관계는 내 방식이 옳다고 고집하는 것이 아니라, 상대에 맞추는 것이다. 머리형은 정확해서 좋고, 가슴형은 분위기를 살려 줘서 좋으며, 장형은 의리가 있어 좋다. 결국 중요한 것은 내 고집을 버리는 일이다.

영업을 배우기 전에는 나만이 옳다고 생각하며 살았다. 그러나 다양한 사람을 만나며 "나도 옳고, 너도 옳다"는 사실을 배웠다. 그때 세상이 알록달록 무지갯빛으로 보이기 시작했다.

말의 품격

우리 회사의 장점이 3가지 있다. 첫째, 좋은 상품을 만드는 회사다. 둘째, 사람을 가르치고 키우는 회사다. 셋째, 오래 근무할 수 있는 회사다.

첫 입사는 대부분 책을 조금 저렴하게 구입하려 시작한다. 책 읽는 법을 배우고, 책이 좋으니 소개를 하고 그에 따른 수당을 받게 된다. 여러 교원의 사업 시스템에 익숙해지면, 직업이 될 만큼 영업 기술이 쌓이고, 돈이 되어 오래 근무하게 된다. 회사는 자녀들에 관한 여러가지 체험들을 사업 전략으로 제공하고, 그 방향을 쫓다 보면 사업도 할 수 있게 되고, 자녀의 성장도 함께하게 된다.

여러 센터를 옮기다 보면 다양한 리더를 만난다. 각 센터에는 나이 드신 분이 반드시 한두 분은 있기 마련이다. 그들은 직급도 높고, 산하 조직을 많이 배출한 노장이기도 하다. 그분도 그러했다. 센터에서 나이도 가장 많고, 직급으로도 위인 경우 어른 역할을 하게 된다. 각자의 이익이 첨예한 영업 현장에서 어른 노릇을 하는 것은 쉽지 않다.

어른이란 다 자라서 자기의 일에 책임질 수 있는 사람이다. 나이나 직위, 항렬이 높은 윗사람, 혹은 결혼을 한 사람을 말한다. 자신의 일을 책임져야 한다. 끝까지 포기하지 않고 해내야 책임지는 사람이다. 그분은 그런 사람이었다.

당시 급여도 1,000만 원이 넘었던 것으로 기억하는데, 본인이 돈을 벌어서 자녀의 유학비를 감당했다. 자존감은 지키며 센터의 모든 지국장의 멘토 역할을 기꺼이 하고, 본인과 상관이 없는 까마득한 후배의 상담 준비도 도와주고, 회사의 방향에 맞추어 후배들을 지도했다. 모든 이가 절대적으로 존중하고 따랐는데 거만함이 없었다. 센터 관리자의 오른팔을 기꺼이 자처해 낯선 곳에서 발령 온 관리자와 지국장 사이를 조용히 중재했다.

영업 현장에서 언제나 곧은 기준으로 젊은 후배들이 열심히 각자의 업무를 다하도록, 직장인으로서 엄마의 역할로 갈등할 때마다 늘 자기 관리로 모범을 보였던 그녀였다.

영업을 공격적으로 하다 보면 가끔 거칠어질 때가 많다. 거칠게 말한다고 해서 더 강해져서 영업을 잘하게 되는 것이 아니다. 단지 자신의 품위를 떨어뜨릴 뿐이다. 거친 말은 태도로 드러난 감정의 찌꺼기일 때가 더 많다.

우리가 판매하는 책들은 아이들이 읽는 그림책이 많다. 참으로 예쁘고 고급스러운 어휘가 많이 있다. 지금은 영 유아와 초등 저학년이 주 고객층이 되었으나, 당시엔 고학년과 중학생들도 꽤 있었다. 우리가 판매하는 그림책을 그분은 참 많이 읽고, 사랑하고, 활용했다.

그 선배는 영업 매니저로 거친 어휘를 쓰는 것을 극도로 싫어했다. 반듯한 어휘를 골라 쓰고, 상대를 존중하는 어투를 쓰고, 지국 식구들에게도, 나이 차이가 많이 나는 딸 같은 어린 신입 선생님에게도 깍듯이 존댓말을 사용했다.

품격의 향기가 아직도 느껴지는 걸 보면, 그분의 어른 역할은 말씨에서 시작되었던 듯하다. 상대에 대한 깍듯한 말씨와 말투만으로도, 본인이 아직 고객인지 영업인인지 불분명한 신입선생님들이 사회인으로서의 자세를 갖추게 했고, 그에 걸맞은 행동을 하도록 만들었다. 친해졌다고, 오래 함께 지냈다고, 좋아한다고 관계에서의 대처가 허물없게 하지 않고, 허술해지지도 않았다.

그분의 주위엔 늘 조언을 바라는 후배들이 줄 서 있었고, 어른으로, 직장의 선배로, 인생의 선배로 때로는 따뜻하게, 때로는 서릿발 같은 조언도 서슴지 않았다.

말 품격은 자기 관리의 출발점이자 끝점이다. 겉만 번지르르하거나 듣기 달콤하기만 한 말이 아니라 교육 상담가로서의 자부심이 묻어나는 자기 관리로 무장된 말 품격이 필요하다. 가끔 지금도 메신저에 생일이 올라오면 연락하는, 함께 있어 좋았고 여전히 그리운 사람이다.

인품과 능력

많은 리더와 함께 일해 왔다. 인품은 좋지만 능력이 조금 부족한 리더는 성과를 내지 못해 장기적으로 조직을 침체시켰다. 반대로 성과 내는 능력은 있으나 성격이 모난 리더는 잦은 질책으로 부하들을 지치게 만들었다. 사람들은 일이 아니라 관계에 마음이 상해 움츠러들고, 결국 직을 내려놓고 떠나가곤 했다. 인품과 능력을 동시에 갖춘 리더는 드물지만, 다행히 나는 그런 분을 모신 경험이 있다.

그분에게서 나는 많은 것을 배웠다. 문제에 매몰되지 않고 해결에 집중하는 태도. 때를 읽고 수성과 공격의 시기를 가르는 안목. 잘하는 사람은 더 잘하게 하고, 어려움에 처한 사람은 기다려 주고 지원하는 마음. 윗선에는 늘 칭찬을 올리고, 험담을 하지 않는 성숙함. 우수 사례를 발굴해 알리고, 작더라도 칭찬거리를 만들어 내는 노력. 사실 칭찬할 거리가 늘 풍성한 것은 아니었다. 그러나 기대가 그들을 성장하게 했고, 칭찬은 정말 고래를 춤추게 했다.

그분은 단기적 매출과 장기적 조직 운영, 두 가지를 모두 챙겼다. 센터를 방문할 때 빈손으로 가지 않았고, 작은 먹을거리라도 건넸다. 회식 후 예상치 못한 선물을 주거나, 생일에는 직접 쓴 카드를 들고 찾아갔다. 오랜만에 방문한 상사에게는 커피 한 잔 대접하게 하는 세심함도 잊지 않았다. 언뜻 사소해 보이지만, 그런 기본적인 생활 태도를 아는 사람이 많지 않다.

그분은 늘 단정했다. 화장 거울이나 휴대폰 액정을 깨끗하게 닦는 습관에서 삶과 마음가짐, 일에 임하는 태도가 엿보였다. 노력했음에도 성과가 나오지 않은 날이면 "수고했다, 오늘은 빨리 퇴근해라"라는 따뜻한 한마디 전화로 노고를 잊게 했다. 그 말 한마디에 다시 도전할 힘이 생겼다. 해야 할 말은 윗사람이든 아랫사람이든 주저하지 않고 당당히 전하며, 그로써 소통이 변화를 이끌어 내는 모습은 참으로 인상적이었다.

우연히 일로 만난 인연이지만, 그런 리더와의 만남은 내게 '선연(善緣)'이었다. 나 또한 누군가에게 선연이 되기를 바라며 오늘 하루도 스스로 묻는다.

나의 능력은 어떠한가? 나의 인품은 어떠한가?

우등석, 다른 세상

매주 서울과 창원을 오간 적이 있다. 감사하게도 회사가 교통 비용을 지원해 주었다. 처음 KTX를 이용했을 때는 미리 한 달 전에 예매해야 편리하다는 사실도 몰라 좌석이 없어 우왕좌왕했다.

장거리를 매주 오가니 내 주변은 온통 여행객이었다. 남들은 그 멀리 힘들지 않냐는 안타까운 눈길을 보냈지만, 장거리가 기준이 되니 그리 힘들지 않았다. 물론 출근 이동 거리가 짧아야 한다는 기준을 계속 고수했다면 주말은 괴로움의 시간이 되었을 수 있었지만 말이다.

앞 칸도 타 보고 뒤 칸도 타 보고, 점차 도착지에 내려서 빠르게 나갈 수 있는 칸을 타기도 하고, 조금 한적하게 가고 싶을 때도 있어 좌석 예약 시 늘 머리를 굴렸다. 예상이 적중하면 괜히 좋아하는 소심한 즐거움으로 서울과 창원을 오갔다.

나처럼 매주 오가는 사람들이 주로 타는 시간대는 정해져 있었다. 내가 택한 그 시간대는 늘 붐볐고, 옆자리에 어떤 사람이 앉느냐에 따라 3시간의 여정은 순식간에 짧아지기도, 끝없이 길어지기도 했다. 나는 매주 아인슈타인의 상대성 원리를 몸소 체험하곤 했다.

초등학교 때 두 명이 하나의 책상을 함께 사용했었다. 옆자리 남자 아이와 싸우고 나면 경계 표시로 줄을 긋고, 넘어오면 모두 내 것이라 주장한 경험은 누구나 있을 것이다. 책상 위 표시한 영역 나눔 줄처럼, 기차 안 좌석의 가운데 팔걸이는 암묵적인 영역 표시이다. 본인의 덩치와 상관없이 공간을 당연한 듯 넘어와 팔을 걸치고 팔꿈치가 무신경하게 창에 바짝 붙은 내 팔을 건들면, 꼬맹이 여자아이로 돌아가기도 했다. 운동을 막 끝내고 땀에 젖어 허겁지겁 올라탄 건장한 남학생의 땀냄새는 어떻게 해 볼 도리가 없어 바깥 임시 좌석으로 탈출한다. 관혼상제 참석 후 거나하게 한잔 걸치신 분들도 매한가지였다.

생전 처음 보는 이들과 스쳐 가는 인연으로, 가까운 거리에서 충분히 긴 시간을 함께하다 보면, 문득 내가 걸어온 자취를 돌아보게 된다. 그 속에서 나의 배려심과 청결, 그리고 예기치 못한 상황 속에서 의도치 않게 상대에게 무례하지는 않았는지 스스로 반성하게 된다.

그런 경험을 여러 번 하고 나서 편도 한 번의 금액을 더 지불해야 하는 우등석을 한번 이용해 보고자 했다. 공간의 넓고 쾌적함, 별거 아니지만 서비스로 제공되는 견과류와 생수만이었다면 돈의 유익성을 누리는 시간만이 되었을 것이다. 우연히 화장실 다녀오느라 차량 전체를 훑어보게 되었을 때 발견한 사실이 놀라웠다. 자는 사람이 거의 없었다! 대부분의 우등석 승객은 책을 읽거나 노트북으로 일을 하고 있었다. 같은 열차 일반석에는 대부분이 단잠을 즐기거나, 유튜브를 보거나, 게임을 하거나 한다. 좌석 간 거리도 있기는 하지만 우등석에는 무례함을 찾아보기 힘들었다.

단지 3만 원의 차이가 갈라놓은 시간 활용의 차이를 느꼈다. 그 차이가 단지 특실의 3시간이 아니라 인생 전체로 확대되는 그 순간을 잊을 수가 없다.

다문화 시대

한 센터는 구로구와 인접해 있고, 보라매 공원 옆에 위치해 있다. 보라매 공원은 동남아시아와 중국에서 온 외국인들이 처음 한국에 정착할 때 모이는 만남의 장소인 듯했다. 15년 전부터 중국 교포들이 구로동, 신길동, 대림동에 정착하며 인근 동작구까지 활동 영역을 넓히면서, 이 센터는 자연스럽게 외국인들이 많이 일하는 공간이 되었다. 조선족, 한족, 우즈베키스탄인, 몽골인, 일본인, 캄보디아인까지, 참으로 다문화적이었다. 고객과 지인들이 채용 1순위 대상자여서 한번 외국인이 센터에 채용되면 줄줄이 꼬리를 물고 외국인들이 입사한다. 일을 찾는 교포들과 우리의 활동이 맞물려 많은 외국인이 일하는 곳이 되었다.

매일 캄보디아 선생님들은 센터 한쪽에서 전국에 거주하는 본인 나라 교포들에게 동화책을 한 권씩 캄보디아 말로 읽어 주고, 그 책이 어떤 책인지 설명하는 라이브 방송을 했다. 엄청 높은 톤으로 뭐라고 하는데 우리는 도통 알아들을 길이 없었다.

이들은 한국인 남자와 결혼해서, 한국에서 태어난 자녀는 한국인인데, 엄마가 한국어가 서툴고, 교육 정보가 제한적이다. 지방에서는 이들이 더욱 고립되어 있다. 그 라이브 방송은 기존 고객만이 아니라 전국의 신규 고객이 들어와 들었다. 상담 요청이 들어오면 지국장이 줌에서 한국어로 상담하고, 선생님이 통역을 했다. 지국장은 아이들을 잘 키워서 어른이 되면 엄마의 나라로 돌아가 나라를 위해 일하는 멋진 애국자로 키우라고 말하기도 했다. 그 아이들은 정말 책을 열심히 읽었고, 한국어, 영어, 중국어, 캄보디아어 4개국 말을 배웠다. 가슴 뛰는 뿌듯한 장면이었다.

이제 대한민국은 더 이상 단일 민족 사회가 아니다. 2023년 기준, 다문화 가정 학생은 전체의 3.5%에 달하며, 10년 전 1.1%에서 꾸준히 증가하고 있다. 이 중 서울은 약 20%, 경기는 약 30%, 인천은 6.7%로, 수도권에 55.6%가 집중되어 있다. 특히 서울 구로구와 영등포구에는 다문화 아이들이 많이 몰려 있고, 그 센터는 선생님들이 가까운 곳에서 출근해 더욱 두드러진 형태를 보였다.

우리는 다문화에 대한 성숙한 인식이 필요해지는 시대를 살고 있다. 우리 아이들은 이미 지구인으로 자라고 있다. 넓은 생각과 배려 있는 언어 사용으로 어른들이 모범을 보여야 할 때라는 생각이 든다.

말과 행동의 영향은 매우 크다. 다문화 아이들은 모두 우리의 아이들이다. 한국인 아빠와 베트남 엄마 사이에서 태어난 아이도 마찬가지다. 구한말, 조부모가 중국으로 건너갔다 돌아온 이들은 이제 겨우 3세대, 100년도 채 떨어지지 않았다. 일부는 아이에게 중국어를 아예 가르치지 않기도 한다. 한국에서 태어나, 우리처럼 한국어가 중국어보다 유창한 이 아이들은 모두 우리의 미래다.

끝까지 함께하기

늘 조직 사업을 꿈꾸던 내 선배는 첫 마스터를 놓치면 조직 사업을 몇 년은 후퇴한다며, 절대 놓치면 안 된다고 귀에 못이 박히도록 나를 가르쳤다. 나보다 나은 두 사람을 성장시킬 때까지 집중해야 한다고도 했다.

맏딸은 재산 밑천이라는 말을 증명하듯 10년을 함께 내 곁에서 사업의 기둥이 되어 준 사람이 있다. 나의 첫 마스터, 첫 지국장이었다. 종잣돈이 만들어지면 목돈은 수월하게 만들 수 있다. 사업국장이 되고 그때부터 진짜 조직장이 된다. 선생님 한 사람과 출근도 불투명한 다른 선생님 하나, 이렇게 두 사람을 데리고 지국장으로 승진했다.

한참 동안 우리는 서로를 의지하며 지국을 꾸려 갔다. 아니 솔직히 내가 더 의지하고 가지 않았나 싶다. 어느 날 선생님이 상담 가기 전, 상담 준비를 도와줬다. 유아 학습지를 재구성해 3년 과정으로 판매하는 학습지가 있었다. 왜 3년치를 동시에 공부해야 하는지 열심히 알려 주었다. 잘 다녀오라 배웅하고, 자리로 돌아와 보니 본인 생각대로 딱 1년치만 모아서 상담 간 것을 알았다.

5세에서 6세까지의 학습 과정이 주제별로 해마다 심화되기 때문에 유치원에서는 매년 조금씩 단계별로 학습한다. 3년 동안 이어지는 학습 시간에 집에서 주제별로 심도 있게 공부할 수 있다. 전체를 학습한 아이가 유치원에서 배울 때 훨씬 유리한 것은 당연했다. 장님이 코끼리 뒷다리, 꼬리, 몸통 따로 만져 알듯이 공부하면 힘들지 않겠는가. 식물의 뿌리만 먼저 배우고, 다음 해 잎만 배우고, 다음 해 꽃을 배우기보다 식물을 통째 배운 뒤, 유치원이나 학교를 간다면 해마다 부분을 배울 때마다 공부가 쉽고 즐겁지 않을까?

아이의 공부에 초점을 맞출지, 고객의 경제 부담에 초점을 맞출지에 대한 생각이 서로 달랐다. 상담 방향은 '초점을 어디에 두는가'에 따라 완전히 달라진다. 속은 상했으나 마스터는 성실하게 일했다. 참 소신이 있는 사람이었다. 얼마 전엔 동료였으며, 뻔히 눈에 보이는 서툰 신임 지국장인데도, 불평 하나 없이 존중해 주고 방향 맞추어 준 그녀 덕분에 오늘의 내가 있다. 제일 감사한 사람이다.

그 선생님은 몇 달에 걸쳐 마스터로 승진했다. 어느 날 기쁜 임신 소식을 알려 왔다. 축하하고 태교부터 잘해 보자 축제 분위기를 연출했으나, 가슴 한 켠엔 다시 혼자 할 내 사업 걱정이 들어서 내 좁음에 참 이기적이다 했다.

그녀는 여름 땡볕에도 만삭이 되어 거의 출산 전까지 테이블에 앉아 풍선도 불어 주며, 자리를 지켜 주었다. 초등학생인 큰아이와 터울이 많이 나는 늦은 출산이었고 주말 부부였다. 그러나 다시 나와서 함께 일하자 했을 때, 올케에게 아이를 맡기고, 산후 두 달 만에 흔쾌히 나와서 10년을 함께했다. 본인이 지국장으로 승진하고도 막내가 어리니 몇 번이나 그만둘 고비가 있었다. 정말 붙잡는 것이 저 어린아이에게 옳은지, 그녀에게도 유익한지에 대하여 상사로서 참 많은 고민이 들었다. 그때마다 '첫 마스터는 끝까지'라는 말을 신줏단지처럼 지키려 했다. 그 뱃속 아기가 지금은 어엿한 청년이 되었다.

이 경험 덕분에 나와 함께 일하는 사람들은 생사를 함께하는 전쟁터 전우처럼 구비구비 넘어 오래 함께 일했다. 돈을 벌게 하자. 아이를 잘 키우게 돕자. 그것만이 내가 할 몫이다. 그 두 가지에 진심을 다했다. 내가 센터장이 되어서야 '이제는 놓아주세요. 사무직으로 옮길 거예요.' 했던 그녀였다.

10년을 한결같은 전우애로 지낸 동지, 의리의 사람. 이 일을 하며 나의 무식한 뚝심에 함께해 준 많은 사람들이 있다. 이 감사함을 마음으로 늘 기도한다. 어느 곳에 있든지 한결같음으로 성공하라 기도한다.

센터장 되기 전 10년, 되고 난 후 15년. 좋은 사람을 만나 성장했고, 배웠으며, 도움을 받았다. 영업 조직에서 오는 사람을 환영하고, 가는 사람은 붙잡지 않는다. 그 속에서 나와 만나는 모두가

이 조직을 삶의 훈련장으로 삼도록 돕고 싶다. 그것이 내가 받은 은혜를 되갚는 길이 아닐까. 오늘도 나는 그렇게 되기를 희망한다.

내가 지은 업, 내가 받은 업

회식은 참석한 이가 모두 즐거워야 한다. 때로는 주최자 중심의 횡포가 있기도 하다. 부끄러운 기억이 있다. 치기 어린 신임 센터장 때, 우애 및 일치단결이 회식 자리에도 있어야 한다고 생각한 적이 있다. 전원이 참석해야 하고, 함께 시작해서 함께 끝내야 한다고 말이다.

한 가지 색깔로 한 목소리를 내야 한다고 생각했다. 지금은 다양한 색깔의 이종합일(異種合一)로 조화를 이루면 된다고 생각한다. 큰 방향 속에서 소수의 방식이 인정되고 존중받아 행복한 소수가 모여 더 큰 하나로 나아가는 센터를 지향하지만 그때는 그랬다.

회식하면 당연히 술이 함께했다. 당시 센터에는 독실한 크리스천, 술을 좋아하지 않는 지국장도 있었다. 물론 밑 빠진 술독도 있고, 애주가도 있었다. 참 많이도 마셨다. 센터 송년회는 매니저들 사이에도 유명했다. 회식도 일의 연장이라고 설득하고 회유했던 것 같다. 1차 식사 후 2차 노래방까지 직진했다.

지금 돌아보면 참 부끄럽고 미안하다. 이 자리를 빌어 억지로 연장된 회식 장소에 있었던 동료들에게 미안하다 전한다. 준 만큼 받는 것이 세상 이치다. 그렇게 빠르게 내가 지은 업보를 받을 줄은 몰랐다. 뒤늦게 깨달았다. 그들이 얼마나 힘이 들었을지.

여러 해 뒤 모시게 된 한 단장님이 술고래였다. 맛있는 것 먹이는 것이 최고의 전략이었던 분이었다. 점심때도 가까운 여러 센터장들은 자주 불려 가 식사를 했다. 잦은 회식을 늦은 새벽까지 진행되니, 그 회식이 얼마나 공포스러웠는지 모른다.

당시 이명증으로 의사에게 금주를 지시받은 상태였는데, 다시 잔을 들 수밖에 없었다. 어찌나 옛날 내 모습이 생각났던지 모른다. 그분은 지금은 퇴사했고, 세월도 많이 좋아졌다. 회사는 바른 조직 문화 캠페인을 했고, 코로나 이후에는 회식 문화가 많이 달라졌다. 한참 뒤 모시게 된 다른 한 단장님 덕분에 바람직한 회식의 경험을 가지게 되었다. 즐겁고, 인위적이지 않고, 편안하고, 존중받는 회식이었다. 회식은 평소 그러한 상태의 관계를 유지하는 연장선일 뿐이다.

회식으로 관계가 좋아지고, 분위기가 오르는 것은 경우에 따라 가능하다. 물론 그것이 과해지면 주객전도다. 어디서 무엇을 먹든 회식으로 일치단결을 만들 수는 없다. 즐거운 관계를 만들면 회식을 하지 않아도 화합은 이루어질 수 있다.

도플갱어

일하다 보면 본인 같은 사람을 꼭 한 번은 만나게 된다는 선배들의 이야기가 있었다. 정말 그런 사람을 한 번 만났다. 나보다 더 나 같은 사람이었다. 성실한데, 고지식하고 고집스러운 사람이었다. 산하 조직에 굳건한 신망이 있는 사람이었다. 심지어는 처음 만났을 때 얼굴 모습이 몹시 비슷해서 깜짝 놀랐다. 나이가 들면 성격이 외모를 바꾸어 가기 때문인지도 모르겠다.

오랜 기간 한눈팔지 않고 열심히 일한 덕분에 영업력도 탁월했는데, 사람을 가르치고 키우는 일이라는 우리 업의 역할대로 입사하는 사람들을 참으로 지극정성 가르쳤다. 어떤 유형의 사람이 입사해도 결국엔 용감히 고객을 만나러 가도록 만들었다. 마치 붕어빵 틀에 밀가루 반죽을 넣으면 맛있는 붕어빵이 계속 만들어져 나오는 것 같았다.

언제나 사람들이 북적거렸고, 그녀에게 배운 지 1년이 되면, 누구나 성실하고 꿈을 가지고 영업을 열심히 하여 지국 승진을 했다. 그런데 이상하게도 그들이 승진만 하면 채 1년이 되지 않아 퇴사를 하니, 딱 죽을 맛이었다. 정성 들여 성장시킨 조직이 자꾸 제자리이니, 속도 상하고, 자존심도 상해서 본인도 퇴사를 고려 중이었다.

개인 판매권이 없어지는 지국 승진은 직접 영업에서 간접 영업으로 바뀌는 일을 의미한다. 원활한 판매의 안정이, 남을 가르치는 불안정의 과정을 거쳐, 나처럼 판매하는 많은 사람의 육성으로 새로운 안정된 합으로 가야 한다. 입사 후 첫 석 달, 첫 1년이 중요한 것처럼 승진 후 첫 석 달, 첫 1년의 불안정기는 누군가의 도움이 필요하다.

본인은 워낙 주체적인 사람이라, 승진 당시 누구의 지시도 받지 않고 일하는 것이 아주 신이 났다. 고생도 했지만 과정 자체가 즐거웠다. 산하 식구들 승진시키면 그들도 그럴 것이라 여겼다. 알아서 하라고 두는 것이 옳다고 생각했다.

사람마다 그릇이 다르고, 성향이 다르고, 상황이 다르고, 실력이 달라서 각양각색이다. 원칙은 있으나 상대에 맞게 방법을 다르게 써야 한다. 승진한 지국은 갑자기 못 본 척하는 선배 지국장이 서운하고, 혼자 떼는 발걸음이 무섭다. 혼자 설 수 있도록 조금만 따뜻하게 봐주면 된다. 나무를 분갈이하고 나서 새로운 흙에 적응하려고 몸살을 앓는 것처럼, 그때가 중요한 때이다. 뿌리를 내리면 넓어진 새로운 화분은 쭉쭉 뻗어 나갈 수 있는 큰 터전이 된다.

그런 과정을 이해하니 워낙 베테랑이라 금방 안정된 조직을 구축했다. 사업국장과 일하는 것이 참 즐거웠다. 다른 지국장과 맨투맨 교육을 하면, 본인도 늘 귀동냥하며 배우고, 실천했다. 배움에 감사해했다. 나 역시 참으로 오랜만에 동류의 사람을 만나 특별히 말하지 않아도 이해하는 편안함이 있었다.

그녀의 고집과 완고함, 타협 없음은 나의 거울이었다. 단지 직급으로 인한 여러 경험이 나를 조금 바꾸었을 뿐이었다. 세상에는 정말 닮은 사람이 있었다. 우린 아마도 먼 조상이 같았을지 모른다고 우스갯소리를 하곤 했다. 그를 보며 나를 봤다. 내가 그 사람처럼 잘못 생각하고 있었던 것은 없는지 살펴보는 시간이었다. 세 명이 가면 그중에 내 스승이 한 명은 있다고 하는데, 나와 닮은 그 사람 또한 나의 스승이었다.

업둥이

　끊임없이 새 고객이 들어오고, 새 신입 선생님이 들어오고, 새 신임 지국장이 올라와야 영업 조직이 활기를 얻고 선순환한다.

　새 고객은 지인 소개와 야외 홍보 활동으로 들어온다. 새 신입 선생님은 교육으로, 일로, 끊임없이 들어와야 한다. 문제는 신임 지국장이다. 승진할 준비가 되면 좋은데 선배 지국장이 배출할 준비가 되어 있지 않거나, 지국을 배출할 의사가 없거나, 지국을 배출 후 다시 자립할 능력이 없는 경우에 문제가 생긴다.

　우리나라는 평균 수명은 늘어나 노령 인구가 많아졌다. 반면 적령기 젊은이들이 결혼을 하지 않거나 늦은 결혼을 한다. 출산할 젊은 부부들은 여러 이유로 출산 의사가 없기도 하도, 아이를 적게 출산한다. 누군가 열심히 살고 말고와 상관없이 나라의 미래 경제가 적신호인 것과 같은 일이 조직에도 일어난다. 조직의 실질적인 증가가 자연스러워지려면 단기 방안으로 해결되지 않는다.

　센터에서 한 지국장이 자신의 선생님을 지국장으로 승진시켰다. 그 지국장은 조직을 배출 후 다시 재구축하는 기간을 견디지 못했다. 그 순간 건강 등 개인 사정이 안 좋아지자 갑작스럽게 퇴사를 결정하게 되었다.

능력이 있는 사람이었는지라 안타까운 일이었다. 그 정도의 조직을 키워 내기까지 얼마나 많은 시간이, 노력이 들었는가. 선배 지국장이 현재의 매출에만 집중하고, 조직장으로서의 승진 비전을 갖지 못한 상태에서 배출은 혼란이 된다. 센터장은 선배 지국장들의 승진 비전 관리가 필수다.

덜렁 남겨진 신임 지국장은 센터장 몫이었다. 업둥이였다. 애지중지 끼고, 먹이고, 가르치고, 사랑했다. 처음엔 아주 별거 아닌 일에도 예민해하고, 창고에서 훌쩍거려 모두를 당황케 했다. 다행히 직업의식이 생겨나며 명민하게 잘 정착했다. 성과도 내고, 한 사람씩 식구도 늘려 갔다. 아이들이 어리고, 돌봐 줄 사람이 없어, 주말에 있는 강의에 일찍 오지 못하게 했다. 신입을 가르치지 않는다고 질책을 당하기도 했다. 지금도 획일화된 무언가는 아니라는 생각은 변함이 없다. 상황마다 답이 다를 수 있고, 사람에 따라 다른 해결책이 필요하다.

납득이 되지 않으면 움직이지 못하는 사람이라 수시로 이것저것 참 많은 시간을 옆에 앉혀 설명하며 함께했다. 그 사람만 편애한다고 선배 지국장들의 비난도 들었다. 정등(正等)이다. 세상은 공평(公平)함보다 사람에게 맞는 방법이 필요하다. 약자에게 하나라도 더 주는 것이 잘못된 것은 아니다. 바람직한 구별이다.

신임 지국장은 선배 지국장과 함께 센터장 책임 아래 1년 안에 영업에서 사업으로 전환되어야 하는 시기였다. 나는 그를 지극히 돌보며 살피다가, 갑작스러운 발령으로 다른 센터로 떠나야 했다. 신입이라 전날에서야 소식을 알렸는데, 그는 대성통곡하며 발길을 떼지 못했다. 이제 겨우 걸음마를 뗀 참이었으니 당연했다.

톨스토이가 단편소설 〈사람은 무엇으로 사는가〉에서 말했듯, 사람은 결국 각자의 복과 운명으로 자라난다. 이 경우에도 그 말이 정답이 되기를 기도했다.

그후 연말 송년 페스티벌에서 다시 만났을 때, 그는 큰 성과를 내 트로피를 받았고 "저 잘했지요?"라며 환히 웃으며 인사했다. 이제는 제자리에 잘 정착했고, 멀리서 다음 도약의 소식을 기다리고 있다. 업둥이처럼 내게 와 주었던 그에게, 오늘도 따뜻한 응원을 보낸다.

한여름 밤의 꿈

　창원으로 발령받은 후 주말마다 서울을 올라왔지만, 토요일 오후 올라오면 다음 날 내려가기가 바빠 가족, 친구들 만나기가 쉽지 않았다. 중학교 때부터 친했던 오랜 친구는 서울역으로 배웅 나와서 창원으로 출발하기 전에 짧게 보고 가기도 했다.

　어느 날 교원에서 함께 일했던 아끼던 후배들이 광복절 공휴일에 보러 온다 하였다. 빈말이겠거니 했는데 정말 한 사람은 토요일 퇴근하고 비행기로 날아왔고, 또 한 사람은 일요일 새벽 길을 달려왔다. 혼자 사는 집이라 이불도 딱 한 채뿐이었는데 부랴부랴 그 후배를 위해 새 이불을 준비했다. 집에 오면 먹일 저녁거리와 과일과 시원한 맥주도 준비했다. 집안 곳곳 청소도 깨끗이 하고 설레며 그 날을 손꼽아 기다렸다. 서울에서도 잘 보지 못했던 이들이 멀리 있다고 찾아오니 고맙고 반갑기 그지없었다.

　약속한 날이 되어, 종일 기분이 들떠 콧노래도 부를 참이었다. 젊어 데이트를 할 때만큼이나 기분 좋은 시간들이었으니, 멀리서 벗이 찾아오니 기쁘지 아니한가. 김해 공항에서 버스로 창원 오는 길에 차를 세워 둘 데도 없는데 일찍 나가 기다렸다. 그 도로변에서 목 빼고 기다렸던 그 밤이 이제는 그립다.

우린 예전 사업장에서 늘 그러했던 것처럼, 어제 만나고 오늘 만난 듯 자연스럽게 아이들 문제, 남편 문제를 이야기하고, 닥친 여러 현안의 보따리를 풀면서 밤새 수다 꽃을 피웠다. 지금은 교원을 떠나 있으나, 교원을 통해 찐하게 함께 동고동락한 동료이자 후배를 얻었으니 이곳이 참 감사하다.

날이 밝아 어디를 가고 싶냐 물었더니 미술관에 가자 했다. 방학이면 아이들 데리고 예술의 전당에서 하는 특별 전시회나 미술 전시회를 보러 다녔던 것이 이제 몸에 배었다.

또 한 명의 합류 후 시립 미술관으로 갔다. 향토 예술가들의 작품으로 눈요기를 하며 서로의 마음에 든 작품도 해석하고 품평하며, 여고생처럼 발걸음도 가벼웠다. 어린 초등학생 두 딸과 엄마 아빠가 함께 휴일 이른 아침에 미술관 나들이하며 편안하게 즐기는 가족이 참 예뻐 보였다. 휴일이면 서울 올라오느라 집과 사무실 밖에 몰랐던 내게 그들의 방문 덕분에 창원 시립 미술관을 다녀왔다. 공휴일에 또 혼자라도 와야지 했지만, 오래지 않아 다시 서울로 온 덕분에 그럴 기회는 오지 않았다.

검색 대마왕 덕분에 멋진 바닷가 카페도 가고, 진한 커피 한잔과 내려다 보이는 바다로 핸드폰 카메라 속뿐 아니라 저 마음 깊은 곳 인증샷을 남겼다. 시간은 순식간에 흘러 저녁이 되었고, 벌써 다가오는 헤어질 시간에 마음만 바빴다. 한적한 바다 앞 횟집에 찾아갔는데, 직접 오늘 잡은 것이라는 사장님의 자랑이 진짜인

듯, 싱싱한 회로 배를 채웠다. 추억도 채웠다. 내가 사는 집이 젊은 이들이 데이트 오는 카페 거리에 있었는데, 유명한 맛집 카페에서 또 늦은 밤 떠날 때까지 웃음꽃을 피웠다.

눈 깜짝할 사이 사라진 한여름 밤의 꿈이었다. 그 먼 길을 멀다 않고 한걸음에 와 준 후배들이 고맙다. 무슨 복이 있어 이리 귀한 대접 받나 감사하다. 좋은 관계를 맺고 살 일이다.

중이 절이 싫으면 떠나면 된다

참 다재다능한 지국장이 있었다. 영업력도 뛰어났고, 명예심도 높고, 일을 해야 할 절박한 이유도 있었다. 사람을 즐겁게 하고, 레크레이션 능력이 뛰어나 그녀가 조회를 진행하면 재미있었다. 순발력과 아이디어도 많아 조회, 키즈 스쿨, 교육, 여러 행사 등 센터 운영에 많은 도움이 되었다.

그녀는 신입 선생님 때 내가 지국장으로서 직접 훈련시킨 마지막 선생님이었다. 신입으로 처음 출근할 때 조회 시간에 직장인이 단체로 체조하는 것을 보고, 벌떡 일어나 갑자기 사라졌다. 어디를 갔다 오냐 물어보니 함께 체조하는 것이 이상하고 창피해서 화장실로 피했다고 했다. 그런 사람이 본인이 조회를 할 때 늘 이 이야기를 하면서 레크레이션 강사보다 더 흥겹게 조회의 흥을 돋우었다.

내가 타 센터로 발령이 났을 때, 3일간 울고불고했던 기억이 있다. 하루아침에 난 발령은 평생 같이 지낼 걸로 알고 지냈던 우리에겐 청천벽력이었다. 지금이야 센터장 이동 발령이 당연해졌으나, 당시엔 한자리에서 승진하고, 거의 제자리에 머무르던 시절이어서 그랬을 것이다. 후임 센터장을 바라보고 일하도록, 10년간 함께 지낸 리더를 돌아보지 않도록, 연락을 일절 끊어 냈다. 전화가 와도 받지 않았다.

나 역시 새로운 센터에 집중했다. 전화를 받지 않으니, 지국장 하나는 114 문의전화로 전화해서 연락을 받은 적도 있었다. 그렇게까지 인위적으로 억지로 끊어내야 했을까? 지금은 너무 부자연스러웠다고 생각되기도 한다. 다른 사람을 위해서가 아니라, 끊어 내기를 제일 못하는 내가 돌아보고 싶어질까 봐 그랬던 것 같다. 당시에는 남은 식구들에 대한 지극한 사랑법이라 여겼다. 새로 부임하는 후임 센터장에 대한 예의였다.

얼마 후 모든 총괄단의 산하 센터장과 지국장들이 다 모이는 총괄단 월례회의에서 마주쳤다. 어떻게 해야 본인을 한번 만나 줄수 있냐고 물었다. 갑작스런 질문에 얼결에 우수 사업장 수상해서 1등하고 오면 데이트해 주겠다고 둘러댔다.

그녀는 정말 거짓말처럼 다음 달 우수 사업장 수상을 했다. 수상 소감을 발표하는 자리에서 "수상했으니 약속대로 이제 당당히 애인 만나러 가요."라고 하여, 듣는 사람들의 호기심을 웅성이게 했다. 이미 타 센터 지국장을 전임 센터장이 공개적으로 만나는 것은 구설수에 오를 일이었으므로, 다음 토요일 오후 우리는 007작전처럼 비밀리에 만났다. 뻥 뚫린 16차선 도로를 달려 드라이브를 하여, 파주 예술마을로 갔다. 맛있는 식사와 커피, 선물까지 풀 코스로 대접했다. 반나절을 조직사업 잘하는 법을 특강했던, 지금은 아련한 추억이 있다.

그 뒤 나도 여러 센터를 거치고 그들에게도 여러 센터장이 번 갈아 함께했다. 내게는 언제나 현재 센터만이 내 센터였다. 덕분에 신뢰가 쌓일 겨를 없이 짧은 기간 머문 센터에서 만난 사람들은 센터를 떠나고 완전 모르쇠 하는 나를, 이익만 좇는 사람으로 오 해하기도 했다. 오해가 아쉽기도 했지만, 그건 인연이 그뿐인 것이 다. 함께한 시간의 양으로 상대를 판단하는 것은 그 사람의 수준 일 뿐이다. 오는 사람 막지 않고, 가는 사람 붙잡지 않는다.

적응하고, 사람 늘리고, 좀 편안해지면 센터를 이동했다. 13군 데의 센터에 1년여씩 있었다. 사회성이 부족한 내게 새로운 센터들 은 늘 적응 자체가 도전이었지만, 다양한 센터들과의 만남은 다양 한 문제 해결력과 사회성도 키우고 관계력도 커졌다. 성장하는 동 안 그녀도 그곳에서 사업처장이 되었다.

어느 날 들려온 나의 첫 고향 센터, 그들에 대한 안 좋은 소문 이 나를 들끓게 했다. 이제 조직이 정비되고, 일하는 사람이 늘어 사업도 잘되고, 편안하고 정들어 잘 지내던 센터를 뒤로 하고, 다 시 그들과 짧은 시간 함께했다. 다시 만난 그들은 보는 마음이 많 이 아팠다. 그렇게 모질게 끊어 낼 땐 부모보다 자식이 더 훌륭하 라는 기대와 소망이었다. 사회에서 만난 인연을 정말 이곳에서 배 운 대로 한 식구이고, 부모 자식처럼 여겼다.

회사의 녹을 먹으며, 무슨 이유인지 피해의식으로 똘똘 뭉쳐

있던 그들을 밖으로는 변호했으나, 내부에서는 엄청나게 야단치고 들들 볶았다. 정신교육하고 활동을 요구했다. 중이 절이 싫으면 떠나면 된다. 있으며 불평하고 비난하고 욕할 일이 아니다. 그건 내 발등 찍는 일이다.

탓 말고 나를 보아야 한다. 그들을 보며 내 모습은 어떤가 돌아보았다. 수처작주(隨處作主). 어디에 있든 그곳에서 주인이 되어야 한다. 어떤 상황에서도 주체적으로 행동해야 한다. 내가 있는 곳은 내가 주인이다. 아이들에게 주인의식, 주도적 학습을 말할 것이 아니라, 우리가 일하는 이곳에서 가져야 할 마음자세이다. 내가 거하는 이 시간, 이 장소의 주인은 나다. 탓은 내게로, 덕분은 상대에게로.

첫사랑은 추억으로만

입사할 때 참 괜찮은 사람이었다. 흔히들 위에서 볼 때 '~감'이라는 사람이었다. 주부인 고객을 주로 채용하며 시작하기 때문에 처음부터 일을 하겠다고 나서는 사람이 적은데, 그녀는 처음부터였다. 열정적으로 일했다.

과거 초창기 방문 관리 선생님 시절, 단기간에 100과목 넘게 과목 수를 늘리고, 관리 고객들을 여러 명 채용해서 마스터로 6개월 만에 승진할 때, 조직원들이 여럿이 있었다. 일의 방향을 틀어서 알려 주면 곧바로 그대로 실천해서 관리자로서는 보람 있는 사람이었다.

영업력도 되고, 교육 능력도 됐는데 아마 단기간에 수업을 늘리며 쏟아낸 열정의 시간이 그런 실력을 갖추게 했으리라 짐작한다. 머리도 좋고 명민하여 전략도 뛰어나고 욕심도 많아 크게 성장할 것이라 기대한 사람이었다. 놀기도 잘 놀아 노래도 춤도 일품이어서, 회식을 하고 노래방을 가면 인기가 엄청났다. 덩치만큼 술도 고래여서 취하는 걸 본 적이 없었다.

채용한 산하 선생님을 잘 장악해 카리스마도 넘치는 사람이었다. 그렇게 성장하는 걸 함께하다 내가 타 센터로 발령이 나서 한참 뒤에 다시 고향 센터로 가서 만난 그녀는 달라진 모습으로 깜짝 놀라게 했다. 카리스마는 황소 같은 반골 고집이 되어 있었고, 늘 아파서 근태가 엉망이어 조직에 본이 되지 않았다.

놓아 버린 자기 관리가 그녀의 많은 능력을 무산시키는 것을 보니 너무나 안타까워 앞에서는 난리를 쳤지만 관리자가 되면 잘할 것이라고 상부에 늘 말했다. 도대체 무엇을 보고? 나의 판단력도 의심받을 말들이었다.

내가 아는 그녀의 오염되기 전 본모습은 그러했으므로. 내가 안다고 생각한 그 모습은 과거일까? 아니면 그녀의 본질일까? 그 모습이 좋든 나쁘든 현재만이 진짜이다. 기억에 의존하지 않도록 한번 거쳤던 센터에는 다시 들어가지 않는 것이 옳다는 것을 깨닫는 시간이었다.

첫사랑은 만나지 않는 것이 옳다. 첫사랑은 아련한 추억으로만 기억에 담아 두는 것이 좋다.

화장실

예전에는 우리가 상주하기에 적합한 모양과 크기의 건물이 있었다. 직사각형이어서 지국장 자리를 한 줄로 주욱 배치했다. 사무실 이전을 많이 했다. 모 회사 본사 건물에 사무실을 들였다. 작고 허름한 건물에서도 잘 지냈지만, 크고 번듯한 사옥으로 입주했을 때는 에어컨 설치도 전이라 땀을 줄줄 흘리면서도 신혼에 새집 얻어 가는 것마냥 다들 즐거워했다.

고객들에게 토요일 아이들 수업을 안내하거나 어머니 교육을 안내하려면 모두가 아는 번듯한 빌딩은 은근한 자부심이었다. 지하에는 직원용 식당도 있어, 저렴하고 맛있게 식사할 수 있었다. 회사의 창업주는 전 재산을 사회에 환원한 멋진 분이었다. 그런데 참 이상했다. 번듯하고 깨끗한 그 건물에 화장실을 청소하는 여사님의 휴게실이 화장실 안에 있었다. 보통이라면 지하 어느 층에 휴게실이 있는데 말이다.

마지막 한 칸에 변기 뚜껑을 덮고 여사님의 여러 살림이 있었다. 바닥은 신을 벗고 쉬도록 되어 있고, 옷걸이에 바꾸어 입는 옷도 걸려 있고, 새벽 아침 출근 후 청소한 뒤 틈틈이 맡은 구역을 청소하고 퇴근 시까지 여유 시간에는 변기 뚜껑을 덮고 앉아 쉬셨다.

사회기업으로 이름난 회사였기에 상식으로는 이해가 가지 않았다. 결국에는 주말에 아이들이 너무 뛰어다닌다고 우리도 1년 계약 후 재계약을 못 하고 다시 이사를 나올 때까지 화장실 갈 때마다 비인도적 행위에 대한 혼란이 끔찍했다. 직원을 자식보다 사랑한 창업주의 정신을 계승하지 못한 경우였다.

입으로는 그렇게 계승한다고 말하지만, 현재 어떻게 내 행동에 적용하는 것이 조상의 정신을 잇는 것인지 모르는 경우였다. 존중을 생각해 보는 시간이었다.

현장이 책이다

책을 읽는 이유는 명확하다. 이 지구 위를 살아간 수많은 사람들의 본받을 만한 경험과 교훈을 얻기 위해서다. 내가 직접 겪어 보지 못한 실패와 성공, 그 몸부림 속에서 얻은 삶의 지혜가 책 속에 담겨 있다. 내가 알지 못하는 무수한 사실과 지식, 그리고 무지의 세계를 밝혀 줄 창고가 바로 책이다.

공자께서는 사람을 이렇게 나누셨다. 태어날 때부터 아는 사람(생이지지 生而知之), 배우며 아는 사람(학이지지 學而知之), 곤란을 겪으며 깨닫는 사람(곤이지지 困而知之), 그리고 곤란을 겪어도 모르는 사람(곤이부지지 困而不知之). 배워서라도 알 수 있는 것에 감사할 따름이다. 배워도 모르겠다고, 내가 아는 좁은 세상에 갇혀 자신과 주변을 괴롭히는 삶을 살 필요는 없다. 아는 만큼 세상이 보이고, 모르는 만큼 용감하게 살아갈 수는 있다.

무엇이든 직접 체험하며 배우는 것이 가장 강력하다. 삶에서 경험하는 모든 일이 곧 학습이 된다. 아이가 세상을 탐구하는 모습을 생각해 보라. 아이는 호기심으로 세상을 만지며 배우지만, 부모는 위험한 것을 미리 치워 '뜨거움은 불쾌한 자극'이라는 최소한의 경험만으로 안전하게 배울 수 있도록 돕는다. 굳이 화상을 심하게 입어 가며 배울 필요는 없다.

세상은 언제나 더 강력하고 효과적인 배움의 현장이다. 전문가가 되고 싶은 사람은 준비하며 배우면 좋았겠지만, 지금 우리가 선 이곳에서도 매 순간이 배움과 성장의 기회다.

내 앞에 나타나는 다양한 고객들은 사실 나의 아바타다. 나와 코드가 맞지 않는 고객은 쉽게 계약되지 않고, 나와 맞는 고객은 더 쉽게 마음을 열고 수용한다. 내가 수더분하면 수더분한 고객이 나타나고, 내가 까칠하면 까칠한 고객을 만난다. 그의 모습 속에서 나를 인식하고 객관화하며 배움으로 성장하면, 다음번에는 또 다른 유형의 고객과 마주할 때 더 유연하게 임할 수 있다.

세상에 이상한 사람만 있다고 생각하는 사람은, 사실 자신이 이상하다는 것을 알지 못하는 사람이다. 다양한 사람과의 경험은 험한 세상을 건너는 안전한 다리가 된다.

3장

타이밍

꿈 전도사

새로운 센터에 발령을 받으면, 먼저 지난 1년간의 매출 실적과 지국장들의 성과를 살펴본다. 일의 능력과 연봉 수준을 가늠하기 위해서다. 지국장들의 나이와 생일, 자녀 상황 같은 개인사도 확인하고, 입사 경력과 수상 이력도 꼼꼼히 훑어본다.

현 상황을 점검한 뒤에는, 내가 이곳에서 만들어 가고 싶은 끝점을 그려 본다. 그 중심에는 언제나 사람이 있다. 어떤 지국장은 예비 관리자로, 또 어떤 지국장은 억대 연봉자로, 또 다른 이는 더 높은 직급으로 승진하기를 바란다. 누구는 유능한 강사로, 누구는 은퇴를 앞두고 후배들의 귀감이 되는 선배로 성장하길 원한다. 각자의 출발점과 성향, 능력에 맞춰 그들의 비전을 설계한다.

식사 자리든 면담 자리든, 다양한 순간에 나는 그들에게 내 꿈을 보여 준다. 반응은 가지각색이다. 생각지도 못한 그림에 놀라며 함께 꿈꾸는 이도 있고, 냉소적으로 "에이구, 무슨" 하며 흘려 버리는 이도 있다. 혹은 센터장이 감언이설을 하거나 속셈이 있어 그런다고 여겨 튕겨내는 경우도 있다. 그러나 꿈은 결국 꿈꾸는 자의 것이다.

내가 먼저 꾼 꿈이라도, 그가 받아들이면 그의 꿈이 된다. 받아들이지 않으면 다시 내 꿈으로 남을 뿐이다. 무엇이 문제이겠는가. '드림(dream)'은 '드리다'라는 말이지 않을까. 나는 계속 꿈을 꾸고, 그것을 주변 사람들에게 드려 본다. 사람들의 마음속에 심어진 꿈의 씨앗은 시간이 지나 꽃을 피우고, 현실로 열매 맺는 모습을 나는 숱하게 보았다.

집 짓기에 설계도가 먼저 있듯, 사람들의 미래를 함께 설계하고, 그 꿈이 발아하도록 돕는 이 일이야말로 내게 가장 큰 행복이다.

세 살 버릇 여든 간다

부모가 자식을 낳아 결국은 홀로 살아가도록 독립시키는 것이 자녀 교육의 끝점이듯, 영업에서도 마찬가지다. 영업에 전혀 관심 없는 주부를 채용해 전문 영업인으로 가르치고 훈련시킨 뒤, 최종적으로는 내게서 독립하여 지국장으로 성장시키는 것, 이것이 영업 교육의 목표다.

엄마가 자식을 낳고 키워 내는 원리를 영업 기술 습득에도 그대로 적용한다. 처음 고객을 만났을 때는 니즈를 파악하고, 회사와 상품을 소개하며 관심을 키운다. 이 과정에서 고객은 단순한 소비자로 남을 수도, 채용을 통해 일을 시작할 수도 있다. 어떤 이는 지인 소개로 아르바이트처럼 수익을 얻고 싶어 하고, 어떤 이는 직업으로 삼고 싶어 하며, 또 어떤 이는 큰돈을 벌고자 한다. 다양한 니즈 속에서 채용이 이루어진다.

지국장의 성장은 처음의 의지가 있든 없든, 차후 얼마나 많은 사람을 일로 전환시키는가에 달려 있다. 이는 곧 사업 규모를 결정짓는 요인이 된다.

옛말에 교부초래(教婦初來)라 했다. 새 신부 교육은 시집오자

마자 시작해야 한다는 뜻이다. 처음이라 봐주다가 나중에 교육하려 하면 이미 늦다. 세 살 버릇 여든 간다고, 영업 교육도 첫 석 달이 가장 중요하다. 더 나아가 첫 삼 년이 영업 인생 전체를 좌우한다.

지금은 의지가 없는 신입이라도 이곳에 오래 남는다면, 언젠가 일을 시작하게 될 수 있다. 그런데 초기에 제대로 배우지 못하면 그 낮은 수준의 방식으로 평생을 이어 가게 된다. 설계도는 집을 짓기 전에 그려야 하듯, 영업의 꿈과 비전 역시 첫 석 달 안에 심어 주는 것이 가장 바람직하다.

지국장이 신입의 현재 태도에만 맞추어 대응하고, 생각이 바뀔 수 있다는 사실을 간과한 채 교육을 소홀히 한다면, 이는 지국장 스스로의 정체성을 되돌아봐야 할 일이다. 교육으로 사람을 바꿀 수 있다고 생각한다. 본인도 교육에 의해 변화되어 이 자리에 온 것이다. 정규 교육보다 더 중요한 것은 지국장의 맨투맨이다. 첫 정규 교육이 시작되고 끝날 때까지는 지극정성을 다해야 한다. 10분 일찍 도착해 여유 있게 준비하도록 하고, 교육에 집중할 수 있도록 앞자리에 앉힌다. 교육 내용은 간단히 예고해 호기심을 자극하고, 다음 날을 기대하게 만들어야 한다.

중간중간 태도를 살피는 것도 중요하다. 고개를 끄덕이며 듣는지, 필기를 하는지, 혹은 산만하게 핸드폰을 보는지를 체크한다. 교육이 끝난 후에는 좋았던 점, 실천할 점을 물어보고, 궁금한 점을 해소하며 오해를 바로잡아 준다. 자녀의 나이에 맞추어 복습을 해 주듯, 신입의 이해 수준에 맞추어 내용을 확인하고 상담한다.

가볍게 승진 체계와 비전도 스치듯 알려 주면 좋다.

고3 학생에게 갑자기 의대에 가라 하는 것은 폭력이며 망상이다. 하지만 다섯 살 유아에게 "아인슈타인 우유를 먹으며 과학자가 되자"라고 말하는 것은 꿈이 되고 방향이 되며 목표가 된다. 영업인도 이와 같다. 사실상 첫 3일, 첫 3개월이 영업 인생을 결정한다. 시작이 곧 반이기 때문이다.

당근 똥

달팽이를 키워 본 적이 있는가? 달팽이는 먹는 대로 바로 배설한다. 당근을 먹으면 주황색, 상추를 먹으면 초록색 똥을 눈다. 이런 단순한 원리가 아이들의 관찰력을 키우는 좋은 소재가 되어 유치원 교육에서 자주 활용된다.

엄마는 아기가 태어난 직후에는 대소변 횟수와 상태를 꼼꼼히 기록한다. 색깔과 질감을 살펴 황금 똥, 푸른 똥을 구별하며, 표정까지 살펴 아기의 건강을 짐작한다. 그러나 아이가 자라 말을 할 수 있게 되면 굳이 변을 들여다볼 필요가 줄어든다. 어느새 배설물은 더럽고 부끄러운 것으로 치부되어 의식에서 사라지고, 아이들만이 똥 이야기를 즐긴다.

그렇다면 성인은 어떠한가? 대부분은 건강이 안정되어 굳이 매일 점검하지 않는다. 그러나 장이 약하거나 예민한 사람에게는 여전히 중요한 신호다. 나 역시 불안하고 긴장할 때는 토끼 똥을 보기도 하고, 편안할 때는 바람직한 변을 본다. 매운 음식을 먹으면 달팽이처럼 빨간 변을 보기도 한다. 소변 역시 색과 냄새, 횟수가 몸과 마음의 상태를 드러낸다. 이상 신호가 감지되면 음식과 마음가짐을 조절하며 스스로를 관리한다.

우리의 생각과 행동의 배설물은 어떠한가? 책을 어렵게 판매했다 해서 끝이 아니다. 고객이 책을 제대로 읽고 활용하여 입으로 다시 말할 때까지 살펴야 한다. 활용이 잘 되는 고객이 늘어나야 두터운 고객층이 형성되고, 다음 재구매로 자연스럽게 이어진다. 관리 없이 판매만 집중한다면, 과식으로 소화불량에 걸린 것과 다르지 않다.

리더의 자기 관리는 본인만의 문제가 아니다. 많은 사람들의 행복과 직결된다. 음식이 입에 들어와 몸을 거쳐 완전히 배출될 때까지 눈을 떼지 않듯, 어떤 일이든 끝까지 책임져야 한다. 화살이 과녁에 꽂힐 때까지 시선을 거두지 않는 것처럼, 120% 끝맺음을 해야 선순환의 새로운 시작을 맞을 수 있다.

성인이 되었다 해서 작은 기미를 놓쳐서는 안 된다. 몸의 미세한 신호가 큰 병을 막아 주듯, 일과 인간관계 속에서도 작은 징후를 살피는 것이 중요하다. 고객의 미묘한 표정 변화, 구성원의 말 한마디, 시장의 작은 흐름까지 놓치지 않고 바라보아야 한다.

영업에서 큰 성과를 내는 사람과 그렇지 못한 사람의 차이는 능력보다 작은 징후를 얼마나 세밀히 포착하고 대응하는가에 달려 있다. 작은 불편을 묵과하면 불만이 되고, 불만은 불신이 되며, 불신은 단절로 이어진다. 작은 신호를 민감하게 감지하고 즉각 대응하면, 고객의 신뢰가 쌓이기 시작한다.

삶 또한 마찬가지다. 관계의 균열은 사소한 무심함에서 시작되고, 건강의 파탄은 작은 이상 신호를 무시한 데서 비롯된다. 작은 기미를 알아차리고 돌보는 사람만이 큰 위기를 미리 막고, 새로운 기회를 붙잡을 수 있다.

50년 만의 귀향

11세. 초등학교 5학년 때 서울에 있는 해군 본부로 발령 난 아버지를 따라 온 식구들이 서울로 이사를 했다. 내가 태어나고 자란 기억 속의 그곳. 봄이면 흐드러지게 만개한 벚꽃의 도시이자 해군 도시 진해다.

군항제가 열리는 계절, 점심시간이 되면 학교 담벼락에 다닥다닥 매달려 까치발을 들었다. 하얗게 흩날리는 꽃눈 아래로 높은 군인 모자를 쓰고 군악대 옷을 입은 귀여운 원숭이 한 마리가 보였다. 그 원숭이가 지폐 한 장과 여기 저기 찌그러진 노란 양은 주전자를 들고 막걸리를 사러 가는 것을 구경했다.

어릴 때 이런 축제의 장에는 꼭 약장수가 왔었는데, 뱀도 들고 오고(지금은 큰일 나겠지만) 원숭이도 데리고 왔다. 그 원숭이는 막걸리를 받아 오는 중에 절반은 마시고, 절반은 흘려서 약장수 아저씨에게 매번 혼났다. 구경꾼들은 그 모습이 귀엽기도 하고, 안쓰럽기도 하고, 사람 같은 원숭이의 행동에 웃음을 터트렸다. 생각해 보면 몹쓸 동물 학대다. 지금은 축제라면 연예인, 트로트 가수들 공연에 사람들이 몰리지만, 예전에는 평소에 볼 수 없던 서커

스와 동물을 앞세운 약장수들이 있었다. 벌써 50년 전 이야기다.

작년에 우연히 창원으로 발령이 나서 10개월 간 근무를 한 덕분에, 4월에 열리는 진해 군항제 기간에 퇴근 후 진해를 잠시 들를 수 있었다. 3년 전인 2022년 진해시와 마산시, 창원시가 통합되어 창원특례시로 출범하여, 진해시는 진해구가 되었다.

세계적인 유명한 꽃 축제 중 하나일 정도로 유명한 군항제다. 지금은 역할이 멈춘 경화역 주변의 밤 벚꽃을 구경했다. 서울에서 여의도나 양재천 등의 야간 벚꽃 구경에 익숙했던 내겐 경화역 벚꽃은 조명이 거의 없어 컴컴한 주변이, 어둠에 가려진 만개한 벚꽃이 못내 아쉬웠다. 왜 조명을 설치하지 않았을까. 아니면 못 했을까. 축소된 진해구의 재정 상태일 것으로 추측해 본다.

2002년 방영되어 큰 사랑을 받은 드라마 〈로망스〉의 촬영지로 알려져서, 진해를 찾는 모든 관광객은 한 번씩 거닐어 보는 여좌천을 동행과 걸으며 오붓한 추억을 만들었다. 활짝 만개하여 개천 아래로 흐드러지게 늘어진 왕벚꽃은, 50년 전 환한 대낮 어린 꼬마의 학교 담벼락 아래 흩날리던 벚꽃 장면과 함께 반백 년을 이어 주는 예쁜 마음의 사진으로 고이 남았다. 함께해 준 동행에 감사하다.

5학년 초등학생일때, 서울로 떠나기 전에 살던 집도 혹시나 찾아 들러 보았다. 어렴풋한 기억으로 어두운 밤길을 더듬더듬 찾아간 금강 호텔 옆 어릴 적 살던 집이 보였다. 내가 고향을 떠난 지

50년이 흘렀는데 그 집이 떠날 때 모습으로 그대로 있었다. 일제 때 지어진 집이니 거의 100년 된 다다미 집이었다. 당시 친정아버지가 좋은 나무를 구해서 직접 만들어 달았던 노란 나무로 된 미닫이 현관문이 많이 낡아 퇴색한 상태이지만 그대로 있어 믿을 수가 없었다. 사람도 살고 있었다.

나중에 들으니 진해에는 그런 집들이 여럿 있다고 한다. 진해 시장님이 구옥들을 보전한다고 했다. 여좌천 근처의 많은 집들도 완전히 허물어 다시 지은 것이 아니었다. 일제시대에 지어진 일본식 집을 그대로 보수해서 사용하는 중이었다.

길가에 늘어선 다다미집들은 나무 현관문만 철문으로 바뀌어 있었고, 그 외의 풍경은 오래전 시간에 멈춘 듯했다. 마치 한 편의 흑백 영화 속 장면으로 걸어 들어가는 기분이었다. 이것은 단순한 낙후일까, 아니면 의도된 보존일까. 저 집들에 사는 사람들의 마음속 풍경은 어떤 모습일까. 그 정체된 듯한 공간에서 어떤 시간 의식을 품고 살아갈까 하는 의문이 오래도록 머물렀다.

보고와 통보

지국장들에게 자주 하는 말이 있다. "보고하세요. 통보하지 마세요". 특히 문제가 될 경우에는 더욱 그러하다. 문제가 생긴 즉시 상사와 함께 하면 과정을 공유할 수 있고, 문제를 아주 작게 줄일 수 있다. 조기에 문제가 발견되면 차후에 발생하는 결과에 납득할 수 있고, 그것이 어떤 결과이든 책임도 나눠질 수 있다. 일을 잘하는 사람은 구상 단계부터 마무리까지 전 과정을 위 직급자에게 즉각적으로 보고한다. 덕분에 일은 수월해지고, 넓고 객관적인 시선의 도움도 받을 수 있다.

보고와 통보를 구분하는 것은 이야기하는 시점과 선택권의 유무로 나눌 수 있다. 상사에게 결정의 선택권이 있을 때는 보고이며, 어떠한 결정도 할 수 없이 수용해야 할 때는 통보이다. 직장 생활에서라면 같은 능력이 불통으로 인해 평가절하되고 능률이 저하된다.

통보만 받으면 위 직급자는 무시당한 기분, 서운함, 혹은 분노를 느낄 수 있으며, 중요한 일의 성과까지 줄어든다. 직장 생활에서 아래에서 위로 흐르는 원활한 보고는 혈액이 심장에서 온몸으로 막힘없이 흐를 때 건강한 것처럼 필수적이다. 직장 생활에서 조직원들 간의 소통은 매우 중요하다. 아래에서 위로의 원활한 보고는 사회 생활에서 필수 요소다.

우리는 보고를 '일의 수다'라고 한다. 중요한 일은 아주 사소한 것부터 시작되는데, 그 기미를 알아차리는 것은 관리자로서 아주 중요하다. 대부분 직장 경험 유무와 상관없이 주부로 출발한 선생님들은 보고를 어려워한다. 보고할 의도가 없는 것이 아니라 무엇을 언제 말해야 할지 모르는 것이다.

고객들이 채용되어 직원이 되기 때문에도 그러하다. 본인의 의사로 일을 하려고 입사한 것이 아니기 때문에 첫 시작의 태도들이 직장인으로 갖추고 있지 않아 그런 것인지도 모른다. 보고하는 습관이 바로 직장인으로 성장하는 출발점이다.

선생님들은 지국장에게 일 수다를 많이 떨면 떨수록 높은 수당을 받도록 일의 성과를 내게 될 것이다. 지국장들은 센터장과 일 수다를 많이 떨수록 일을 놓치지 않고, 방향을 잡고 문제를 줄일 것이다. 센터장들도 단장에게 일 보고를 미리미리 자세히 수시로 할수록 일이 재미있고 수월해질 것이다.

보고는 많이 할수록 성과가 커진다. 선생님들은 지국장에게, 지국장들은 센터장에게, 센터장들은 단장에게 수시로, 자세히 보고할수록 일이 수월해지고 방향을 잡을 수 있다. 센터장쯤 되면 다루는 일과 문제의 양이 방대하므로, 위 직급자와 일심동체로 문제를 함께 나누는 것이 지혜이며, 동시에 예의이기도 하다. 지혜롭고 예의 있게 사회생활을 해 보자.

변화의 타이밍, 시중

매주 토요일이면 문화센터처럼 아이들을 대상으로 하는 여러 수업이 진행되는데 이를 키즈 스쿨이라 부른다. 상품을 구매한 고객에 대한 서비스이기도 하고, 센터 문턱을 낮추어 예비 고객이 부담 없이 방문할 수 있게 하기 위한 제도이다. 취미와 재미로 하는 문화센터와는 차별점이 있다. 교육 과정에 관련된 주제의 수업이 독서와 함께 만들기 수업이 여러가지 방법으로 진행된다.

수업 일주일 전 구매한 연계 도서를 읽고 오도록 미리 안내한다. 수업을 시작하면 안내한 책 중 3~6권의 책을 노련한 선생님이 재미있게 읽어 준다. 책만 읽으면 지루해할 아이들을 위해 무언가 만들기를 반드시 준비한다. 완성된 만들기를 들고 인증샷도 찍어서 엄마에게 전달한다. 집에 돌아가면 다시 주제 관련 책을 읽고 마인드맵 작업을 하게 한다. 일 년 52주 주말마다, 공휴일 마다 있는 키즈 스쿨은 인기 있는 프로그램이다. 지국장에겐 상담할 수 있는 고객을 자연스럽게 초대하는 기회의 장이다.

토요일을 맞아 부임 센터에 첫 출근을 한 날이었다. 센터에 종일 쏟아져 들어오는 너무나 많은 사람들 덕분에 놀라서 입을 다물 수가 없었다. 이래서 이곳에 탁월한 고객 유지가 되는구나 싶었다.

외부 강사와 지국장들의 다양한 수업이 시간마다 얼마나 많은지 몰랐다. 아침에 부모님 손에 이끌려 사무실에 온 아이들은 종합 학원에 온 듯 매시간 참석하고, 이 방 저 방 옮겨 다녔다. 서 있을 곳도, 앉을 곳도 없이 아수라장이었다. 심각한 고민에 빠졌다. 과유불급이다. 센터가 감당할 수준을 넘어 있었다. 처음 보는 이 방인 센터장이 느닷없이 와서, 이곳의 오래된 정체된 고객을 무리 없이 덜어내야 하는 미션이 앞에 있었다.

고객은 한 분 한 분이 소중하고 귀하다. 연결된 선생님과 지국장들이 있다. 서로 간의 신뢰와 약속, 관계가 있었다. 쉽게 해결될 문제가 아니었다. 그러나 현상태에선 상담은 거의 불가능했다. 나도 센터 식구들도 절반을 줄인다는 결론까지 참으로 힘들었다.

학원이라면 빌딩으로 방문하고 유지되는 고객이 사업의 성장 지표이니 건물을 더 늘리면 된다. 판매가 주 정체성인 우리는 그 고객들 덕분에 사업이 성장, 유지되어 온 것은 사실이나, 현재는 적체, 소멸될 위기였다. 보통은 우유부단하다 소리 들을 만큼 지국장들의 이해를 기다리는 편인데, 결심이 서자 일사천리로 진행했다.

어떤 일을 시간을 두고 점진적으로 변화 개선해 나갈지, 어떤 일을 시차 없이 즉시 개혁해 나갈지 판단하는 것은 어려운 일이다.

국가이든 회사이든 어떤 조직이든 흥망성쇠를 겪는 것이 당연하다. 어떤 나라는 천년을 이어 가고, 어떤 나라는 100년도 못 가서 역사의 뒤편으로 소리 없이 사라진다. 성할 때 쇠하지 않고 더 큰 성장을 이루기 위한 지혜와 예비심이 필요하다. 아직 소멸되기 전, 쇠락의 상태에서는 수술을 해서라도 썩은 부위를 도려내고 새 살이 돋게 할 타이밍을 놓치지 않아야 한다.

시중(時中). 타이밍에 적중해야 한다. 천지인 하늘과 땅과 사람의 법칙 중에 시간은 하늘의 도리다. 일을 성사시키는 데 타이밍이 중요하다. 수능 공부를 성인이 되어 할 수 없고, 부모 공부를 할아버지가 되어 할 수는 없다. 모든 것은 타이밍이 존재한다. 내게는 그 타이밍이 지금이었다. 넘치는 것을 덜어낼 타이밍이었다.

너무나 많은 이들의 이익이 얽혀 있어 힘들었다. 지국장들은 고객에게 사전에 양해를 구할 시간을 석 달 요구했으나 기다릴 수 없었다. 절박한 센터 상황은 합의를 도출할 시간이 없었다. 지금이 타이밍이었다. 욕을 먹겠다 각오했으나 매일 고객에게 싫은 소리를 듣고, 주문이 취소되는 지국장들을 보는 것은 쉽지 않았다. 무지막지한 센터장의 결정에 이탈 없이 잘 따라 준 모든 식구들이 정말 감사하다.

비워야 채울 수 있다. 새로운 유아 고객이 많아지는 센터의 방향을 거칠게 틀었다. 고객을 지속 유지하되, 오고 감이 원활히 흐르게 만들었다. 고학년 고객들을 자연스럽게 영유아 고객으로 대체했다. 남은 고객에게 더 집중해서 매출을 달성했다. 남은 고객들은 그 고객들 대로 쾌적함을 느꼈고, 내부적으로도 자원을 아낄 수 있었다. 소모전에서 비축으로 방향이 전환되었다.

리더는 타이밍을 읽을 수 있어야 한다. 지금 눈앞의 이익이 아니라 차후의 일까지 바라볼 수 있는 시야가 필요하다. 늘 스스로에게 물어야 한다. 지금이 맞는 타이밍인가? 아니라면 그만두고, 맞다면 뒤돌아보지 않고 진행해야 한다.

10의 잘못과 90의 잘못

열 손가락 깨물어 안 아픈 손가락 없다고 한다. 보통 자식 이야기를 할 때 쓰는 말이지만, 교원의 자식들에게도 그렇다. 지국 사업을 할 때 쟁쟁한 마스터들이 같은 시기에 있었다. 그들이 나중에 앞서거니 뒤서거니 승진해 지국을 운영했다.

한 조직 내에 함께 있으니 사업처장의 관심과 사랑에 늘 경쟁이 있었다. 다들 한 성격 하는 사람들이었다. 교육이면 교육, 판매면 판매 어디 내놓아도 모자람이 없었다. 사람 복이 많았다고 생각한다. 모두가 사랑스럽고 자랑스러웠다.

미팅을 하려고 모였을 때, 내가 한 마디 하면 그들은 열 마디 했다. 다들 유쾌하고 유머러스해서 개그콘서트를 능가했다. 우스개 소리엔 한 마디도 끼지 못했지만 늘 배꼽 잡고 웃느라 시간 가는 줄 몰랐다. 덕분에 미팅은 늘 산으로 갔다.

그렇게 잘 지내지만 분쟁도 빈번히 일어났다. 어떤 일로 얽혀서 분쟁이 나면 10을 잘못한 사람은 상대가 90을 잘못했다고 와서 고자질했다. 내 눈의 들보보다 남의 눈의 티가 잘 보이는 법인데, 상대가 명백히 잘못했으니 기세등등했다. 그런 상황에서는 늘 상대가 더 잘못했다고 해서, 본인이 잘한 것은 아니라고 고자질한 사람을 크게 혼냈다. 10을 왜 잘못했냐고 질책했다. 꾸중을 들은 사람은 억울하다고 삐지고, 심지어 화를 내며 자리를 박차고 나가기도 했지만 들은 척 본 척도 하지 않았다. 내 사람들이 좀 더 성장하기를 기대했다.

반면 90을 잘못한 사람은 크게 혼내지 않았다. 알고도 그 정도 잘못했다면 문제가 있다. 아니면 잘못인지를 모르는 것이다. 가르쳐야 될 사람이기에 불러 교육했다.

지금까지 함께한 사람이니 나쁜 사람일 리 없을 것이라는 마음이 컸다. 좋은 날 비싸고 맛있는 식당을 예약했다. 밥 먹으면서 조곤조곤 긴 이야기를 나누었다. 혼난 사람은 큰 잘못이 아니어서 수정이 쉬웠다. 밥을 먹은 사람도 잘못을 인식하게 되면 이미 먹은 밥도 있고, 감정이 가라앉은 뒤라 고마워했다. 시간 차를 두고 문제를 해결 해서였을까? 나도 큰 반대에 부딪히지 않았고, 지국 운영에 큰 갈등이 없었다.

물론 좋은 사람들을 만나서 그것이 가능했던 것은 의심의 여지가 없다. 식구들이 달성했으면 하는 기준이 높았다. 기왕 아이 맡기고 영업 전선에 나왔으니 돈을 많이 벌기를 바랐다. 먼저 많이 아는 사람이 양보하길 바랐다. 부족한 사람이 보호받아 기회를 도모할 수 있기를 바랐다. 그들에게 요구한 것처럼 나도 실천하기를 바랐다. 평등(平等)한 세상보다 정등(正等)한 세상이길 바랐다. 그것이 내 바람이었고 여전한 희망이다.

자릿값

높은 산에 올라가면 멀리까지 한눈에 훤히 보이고, 막힌 데가 없어 시야를 가리지 않으니 가슴이 뻥 뚫린다. 내가 지나온 산자락에 많은 이들이 오가는 모습이 내려다보이고, 산 아래서는 보이지 않던 먼 곳까지 전체로 한눈에 들어온다.

늘 눈앞의 현상들에 함몰되어 버둥대던 우리는 핵심과 본질까지 파악하기는 어려웠다. 상대에 핏대를 올리기도 하고, 마그마까지 땅굴 파며 자책했던 일들이 별일 아니라는 것을 깨닫는다. 이 또한 지나가리라는 것을 자연스레 알게 된다.

높은 곳은 그렇다. 높은 직급도 그렇다. 입사하고 윗분들이 주는 승진 비전에 마치 내가 진짜 그런 사람인양 얼른 그 자리에 가고 싶었던 날이 있었다. 높은 직급에 올랐는데, 발 밑만 본다면 자연스럽지 않을 뿐 아니라 위험하다. 전체를 볼 수 있어야 하고, 앞, 뒤, 옆을 두루 살필 수 있어야 한다. 시, 공간을 모두 멀리, 크게 볼 수 있어야 한다.

본인이 맡은 조직의 크기보다 더 크게 볼 수 있어야 조직이 평안하다. 사업국장이나 사업처장이 되어서도 본인 산하만 보고, 센터를 못 보는 경우도 있고, 센터장이 되어서도 총괄단을 보지 못하고, 자신의 센터만 보는 경우도 있다.

발아래만 보듯이 본인만 보아서 한치의 배려, 양보가 없는 사람이 있다. 센터 내에서 분쟁이 있을 때는 자릿값을 못하는구나 싶은 생각에 안타깝다. 모든 자리는 자릿값을 요구하는데, 제대로 지불하지 못하면 그 값을 불신과 평판의 하락으로 돌려받는다. 합당한 마음 그릇과 앎의 그릇을 키워야 크게, 멀리 볼 수 있다.

자리(自利)에서 이타(利他)로 넘어가야 하는 시점이 있다. 나의 이익에 대한 생각에서 타인의 이익으로 넘어가야 한다. 나를 단단히 세우고, 꽉 차게 만들 때까지는 자리(自利)에 힘써야 한다. 신입 선생님이 그러하고, 신임 지국장이 그러하다. 처음 일을 배울 때는 의도적으로 옆을 보지 말라 한다. 의도적으로 동료도 보지 말고, 오지랖도 부리지 말고, 자신의 실력을 닦는 일에 힘쓰라 한다. 경주마처럼 눈 옆을 가리라 한다. 앞으로 달려가야 하기 때문이다.

보아야 할 것만 본다. 그것만으로도 바쁘다. 그것을 집중이라 한다. 처음 일을 제대로 배울 시간에, 본인의 일도 못하면서 전체 센터를 위해 더 자신을 소모시키는 사람이 있다. 자기 숙제를 다 하지 않고 동생 숙제 참견하는 형과 같다. 오지랖이다. 자리(自利)가 먼저다.

직급이 올라가고, 나이를 먹어 가고, 매출이 늘 상위권으로 올라가는 사람들이 여전히 자리(自利)만 하는 경우를 자주 본다. 남들이 할 때는 노블레스 오블리주를 칭송하는데 내가 해야 하는 봉사와 희생을 힘들어하면 자릿값을 못한 것이다.

이제까지 받은 주변의 보이지 않는 많은 배려와 은혜들을 회향하는 시간이어야 한다. 그것이 이타(利他)다. 후배도 돌보고, 센터도 돌아보고, 위, 아래, 좌우 옆 사방을 살펴야 한다. 이곳은 이익이 우선되는 사업장이다. 서로의 이익이 얽혀 있다. 그러나 나의 이익에 조금 반할지라도 자신의 이익만을 강조하지 않아야 품격이 생긴다. 그렇게 해야 평판이 쌓인다.

높은 곳에 서 있으므로 기고만장한 모습이나 겸손하지 않는 모든 순간을 사방의 눈들이 보고 있다. 그들이 눈살 찌푸리는 순간 평판은 천 리를 간다. 그 평판이 다시 되돌아 내 조직의 삶을 흔든다. 그러니 늘 자릿값을 지불할 준비를 해야 한다. 그리고 자리(自利)가 된다면 그 자리(自利)에 대한 값 또한 이타(利他)로 지불해야 한다. 그 준비물이 내 인격이고, 인품이고, 성품이다.

씨 뿌리기

교원 일의 핵심 키워드 중 하나는 승진이다. 센터장의 여러 임무 중 하나는 지국을 승진시키는 것이다. 지국장도 선생님을 마스터로, 마스터를 지국장으로 승진시키면서 사업을 확대할 수 있다. 아메바처럼 끊임없이 자기 복제하는 것이 성공의 비결이다.

회사에서의 지국 승진 조건은 출근을 하고, 영업 매출을 할 줄 아는 직원 2명을 만드는 것이다. 좌청룡, 우백호. 영의정, 좌의정만 있으면 된다. 최소의 사업 단위인 세 명이 모이면 된다.

돈을 버는 두 종류의 일이 있다. 샐러리맨은 월급자다. 정해진 고정 급여를 책정하고 시작하는 일이라 급여를 받기에 충분한 자격이 요구된다. 일정 시간 동안 주어진 일정한 일을 하고, 일정 소득을 받는다.

세일즈맨은 판매인으로, 누구나 자격 없이 시작할 수 있다. 고정 급여 없이 판매한 실적만큼 수당을 받는다. 실적을 올리기 위한 역량, 노력은 각자에게 달려 있다. 수당이 불안정한 것은 고객과 판매 기술이 쌓이기 전 단계에 초점을 맞춘 것이다. 그러나 고객과 역량이 쌓이면 월급자와 달리 상한선이 없는 소득을 올릴 수 있는 매력이 있다. 일하는 시간 역시 자유로우나 고객이 원하는 시간과 내가 올리고 싶은 소득의 양만큼 시간을 투자해야 한다. 두 직업에 종사하는 사람들의 세상을 이해하는 시각은 엄청난 차이가 있다. 극과 극이다.

그중에서도 교원은 조직 영업을 하는 곳이다. 우리 사업을 잘할 수 있는 조건이 2가지 있다. 상담 능력과 개척 능력 이 두 가지만 있으면 어느 직급이든지 돈을 벌 수 있다. 선생님이나 마스터라면, 직접 고객을 만나며 판매에 숙달할 수 있도록 도와야 한다. 지국장은 나와 같은 유능한 세일즈맨을 많이 만들면 된다.

마스터의 지국 승진은 늘 전임자가 씨 뿌리고 배양해서 지금 결실을 거두는 일임을 잊지 않는다. 나에게 와서 무르익은 열매일 뿐이다. 감사하게 수확의 시기가 내게 왔을 뿐이다. 승진의 씨앗 뿌리기도 센터장의 중요한 임무이다. 처음 입사하는 신입 선생님에게, 그리고 마스터로 첫 승진을 앞둔 예비 마스터에게 승진 비전의 씨앗을 심는다.

등산을 할 때, 출발해서 산이 아직 저 멀리 있을 때는 산의 높이가 만만해 보인다. 산 밑에 다다르면 산은 갑자기 우뚝 솟고, 아주 높게 느껴진다. 꿈과 비전은 아직 멀어서 구체적이지 않아도 될 때 부여해야 수월하다. 유치원생은 과학자도 되고, 대통령도 되는데, 고3은 준비할 시간도 없고 아주 현실적이어서 이를 받아들이지 않는다.

꿈과 비전 없이 열심히만 하는 일은 고달프다. 어디로 가는지 모르기 때문에 눈앞이 막막하다. 서울역에 가서 무조건 떠나는 열차가 있어 탔는데 어디로 갈지, 어디에서 내려야 할지 모른다면 기차가 설 때마다 내리고 싶어진다. 어쩌면 내리는 것이 옳다 여겨질 것이다. 꿈과 비전은 방향이 되고 인내의 충전기가 된다. 그렇게 가다 마음이 바뀌어 중도에 내리면 또 어떠한가? 간 만큼 이익일 텐데.

하루의 성과와 한 달의 성과로 나의 평가가 결정되는데, 미래를 위해 씨 뿌리는 이 일을 계속 해야 할 것인가? 급한 일을 해야 하지 않는가? 승진의 씨 뿌리기는 당장 긴급한 일이 아니다. 내가 수확하지 못할 것이 뻔하다. 갈등도 된다.

그러나 이 일의 가치는 내가 정한다. 사업 시스템이 갖추어진 이곳에서는 누구나 지국 승진을 할 수 있는데, 세월이 걸리더라도 조기 교육 없이, 장기 계획 없이, 나 바쁘다고 바늘 허리에 꿰는 일은 또 다른 부실을 낳을 수 있다. 오늘도 열심히 병아리반에 씨를 뿌린다. 후임자의 수확을 위해. 나 자신을 위해.

나이

출근하는 선생님들의 연령이 높은 센터가 있다. 스타 선배들이 관리자로 발탁되어 떠났을 수도 있고, 잦은 지국 분리로 신임 지국장이 뿌리내리지 못하고 떠났을 수도 있다. 센터의 역사를 들여다보면 원인을 짐작할 수 있다.

문제는 성과가 나지 않는 구조 그 자체지만 원인을 쉽게 '나이'로만 돌려 버리기 일쑤다. 나이라는 것은 지력, 체력, 공감력, 유연함 등 여러 요소가 얽혀 있기 때문이다.

하얀 도화지에는 그림을 그리기만 하면 된다. 낯선 이 일을 처음 시작할 때 제대로 가르치기가 오히려 수월하다. 잘 될 수 있다는 미래의 가능성도 있다. 영업을 이미 배운 사람의 방향을 바꾸는 것은 어렵다. 영업력이 오래되어 이미 본인의 영업 스타일이 고정된 사람은 여러가지로 그것을 수정하는 것 또한 쉽지 않다. 무언가 새로 배우고 끊임없이 빠르게 변화하는 시대와 고객에 맞춰 자신을 변화시키는 사람이 드물다.

그러나 그렇기만 할까? 오랜 세월 연륜이 있는 사람은 교원의 혼이 있고, 애정이 있다. 직업 마인드가 투철하다. 일에 투자할 시간이 어린 자녀의 엄마보다 아주 많다.

변화 앞에 몸을 숨길 것인지, 변하여 새롭게 나아갈 것인지는 스스로가 정해야 한다. 절벽에 올라가 닳아 뭉툭해진 발톱을 뽑고, 부러진 부리를 뽑고, 낡은 깃털을 뜯어내면 된다. 새로이 태어나는 독수리의 제2의 부활을 위한 몸부림처럼 변신하고 도약할지 정하면 된다. 과거 실패로 오염된 선입견을 버려야 한다. 성공한 어린 동료에게 끊임없이 물어보고, 벤치마킹하고, 공부하고, 젊은 신입 선생님을 본받으면 된다.

무모한 열정 대신 노련한 열정을 쏟아낸다. 후배들에게 봉사하고 겸손하게 일한다면 나이가 진짜 문제가 될 것인가. 젊을 때는 체력은 기본이지, 능력이라 여기지 않았다. 나이가 들면 체력도 지력, 심력, 관계력과 함께 능력의 큰 부분을 차지한다. 젊은이보다 부족한 체력을 보완할 다른 강점을 채워야 한다.

이곳은 회사이고 영리단체. 성과를 창출하지 못한다면 틀린 것이다. 다른 것이 아니다. 성과가 곧 결론이다. 센터장들은 여러 가지 이유로 나이든 지국장을 붙잡을지 모른다. 속지 말자. 안주하지 말자. 내가 나를 판단할 수 있다. 멋모르고, 책값 아끼려고, 책값 벌자고 교육 들어보겠다고 시작했던 오래전 처음의 아마추어가 아니다. 단지 이 일이 좋고 다른 일을 할 수 없고, 적당히 시간을 보내기에 좋다고 생각한다면, 누가 뭐라지 않더라도 떠나야 한다.

'얼마나 내가 일할 수 있겠어'라고 생각이 들면, 처음 일하려던 열정, 초심으로 돌아가 보자. 이제껏 이곳 덕분에 자녀를 키웠고, 능력을 키웠다. 이제는 존경받는 선배로, 노련함으로 활활 타서 옆 사람을 태우는 불꽃 말고, 따뜻하고 환한, 찬란한 불꽃처럼 살자. 아름답게 제 역할을 하자. 그렇게 살다 가자.

승진

처음 입사해서 일을 배울 때 당시 센터장님이 그러셨다. 사람이 부족할 뿐 언제나 자리는 있다. 최고 직급을 꿈꿔라. 그렇게 꿈꿨고, 센터장이 되었다. 센터장이 되어 국장 이상의 지국장을 만나면 그분이 내게 했듯이, 차기 센터장을 찾아 비전을 심고 훈련도 시킨다.

센터 운영에 의지가 되는 오른팔과 왼팔이 그 대상이 되기 쉽다. 많은 부분에서 중요한 역할을 담당하는 사업국장이 센터장으로 발탁이 되어 떠나면, 그 역할이 비거나, 내가 다른 곳으로 발령이 날 수 있는데도 참 바보처럼 그것을 계산해 본 적이 없다. 내가 성장해 온 것처럼 후배에게 그런 기회를 준비시키는 것이 센터장의 임무 중 하나라고 생각하기 때문이다.

그 사업국장은 센터에 발령받기 전부터 나를 많이 따르던 사람이었다. 센터장이 되기 전 지국 사업을 할 때, 같은 센터에서 함께 일했던 후배였다. 사업국장일 때도 저연차 선생님들을 대상으로 하는 병아리반을 운영했었다. 그때 신입 선생님이었던 이가 성장해서 사업국장이 되어, 센터장과 사업국장으로 다시 만난 것이었다. 명민하고, 영업력 있고, 화려하고, 절도도 있었다. 카리스마 넘쳤는데 속은 참 따뜻했다. 어리숙함도 미워할 수 없는 반전 매력이었다. 국장은 매출과 교육 등 여러 부분을 담당했다. 그 사업 국장에게 센터장의 제안이 들어왔는데 1차로 거절한 상태였다. 내게 센터장 승진 수락을 설득하라 명이 내려졌다. 참 대충 했어도 될 걸. 그녀가 센터에서 빠지면 엎친 데 덮친 격 될 것이 불 보듯 뻔한데, 나는 왜 그런 생각들을 하지 않았는지 모르겠다.

둘이 자주 가던 편안한 밥집에서 점심을 먹으며 시작한 이야기가 돌고, 돌고, 또 돌고 결론이 나지 않았던 기억이 선명하다. 장장 6시간이었나, 9시간이었나. 아주 오랜 시간 끝에 설득했다.

모든 일은 타이밍이 있다. 할 수 있을 때 그 소망을 이루어야 한다. 세월을 거슬러 가는 일이나 제자리에 멈추는 일은 하지 말자. 모든 시간은 앞으로 흐른다. 아쉬움이 남고, 후회가 남았다면 앞으로의 시간은 아쉬움도 후회도 남기지 말자. 뒤돌아보지 말자.

내가 그를 설득한 이유다. 사랑하는 후배의 시간도 나의 시간도 앞으로 흐르길 소망한다. 그 자리에서 수락이 될 때까지 물러서지 않았다. 사업국장의 논리나 이야기가 이해가 되는 순간도 많았다. 이해가 된다고 물러섰다면 오늘이 달라졌을 수 있다.

이야기 중에 내가 그녀의 상황이 이해될 때마다, 끊임없이 설득하려고 마음먹었던 나의 초심을 되짚어 아직도 그 생각에 변함이 없는지 속으로 되물었다. 앞으로 나아가는 것이 맞는가? 후회와 미련이 남는 과거를 위해 미래로 나아가는 길을 잠시 멈추어도 되는가? 오랜 시간 끝에 결국 수락한 그녀를 단장님실로 보냈다. 그 시간을 되돌린다면 나는 또 그렇게 할까?

그럴 것이다. 영업인으로 성장하고, 영업 매니저로 성장하고, 관리자로 성장한다. 어떤 자리가 더 좋다, 나쁘다가 아니다. 어느 자리든 일장일단이 있다. 누구나 다음 단계로 성장할 수는 없지만 가능한 사람이라면 기꺼이 나아갈 일이다. 고객을 응대하고 교육을 상담한다. 그렇게 고객을 관리하다가 세일즈맨을 가르치고 키워내는 관리자로 성장한다.

관리자는 정말 다양한 사람과 조직을 만나면서, 일본 경영의 신이라 불리는 이나모리 가즈오의 말처럼 스스로의 인격을 완성하게 된다. 일을 통해 내가 그랬듯 이 감사한 성장을 후배들도 경험하기를 강력 추천하므로, 시간을 돌려도 또 그렇게 할 것이며, 지금도 여전히 그렇게 한다.

파리 여행

요즘은 한 달이나 보름 집중 성과로 해외여행이 시상으로 나온다. 우리의 호흡도 시대 흐름만큼 짧아졌나 보다. 파리 여행을 갔을 때는 도전 기간이 1년이었다. 센터장으로 시상 기준에 적합한 사람이 전국 100명 중 단 2명이었다. 매출 성과뿐만 아니라 활동하는 사람들의 확장과 조직 매출 증가 등이 모두 고려되었다.

아이들은 초등학교 때부터 해외 영어 연수를 이곳저곳 보냈다. 나는 일에 매여 시간도 없었다. 그러다 보니 휴가 때 평소 다니기엔 먼 곳의 국내 체험지를 가족들과 함께 다녔다. 물론 그 짧은 시간에 해외로 나가는 것은 쉽지 않았다.

요즘에야 해외 나가는 것이 그렇게 어렵지는 않지만 그때는 그랬다. 근래엔 인식도 많이 달라져 아이들과 일본도 가고 사이판도 다녀왔다. 본인 하기 나름이었는데 싶기도 하다. 그땐 워낙 회사가 허락한 휴가 외에 쉬어 보지도 않았던 범생이였다.

시상으로 받는 해외여행은 회사가 주는 공식 휴가다. 무엇보다 일을 잊을 수 있는 시간이 시상여행이다. 더구나 돈 한푼 쓰지 않는다. 5성급 호텔에 최고의 코스로 즐긴다.

삶이 더 큰 효율, 더 멋진 몰입을 위해서는 휴식이 반드시 필요하다. 365일 몰두한 보상이 일상을 벗어난 여행으로 보답받는다. 여행은 당시 1급지와 2급지로 차등해서 진행되었는데, 당연히 1급지에는 회사에서 가장 뛰어난 성과를 낸 전국의 관리자와 지국장들에게 주어지는 보상이었다.

8시간을 날아간 지구 반대편 프랑스 파리. 4박 5일을 파리에서만 보냈다. 하도 버스를 타고 이리저리 왔다 갔다 해서, 나중에 떠날 즈음엔 파리 시내의 복잡한 길들이 익숙해졌다. 루브르 박물관에 가서 경주 연수원에 있는 똑같은 유리 피라미드 앞에서 사진도 찍었다. 남들처럼 모나리자 작품이 너무 작은 것에 입방아 찧고, 그 긴 줄에 끼어 인증샷을 남겼다.

레오나르도 다빈치의 모나리자, 밀로의 비너스, 들라 크루와의 민중을 이끄는 자유의 여신, 르누아르의 책 읽는 소녀, 자크 루이 다비드의 나폴레옹 1세와 조세핀 황후의 대관식, 주세페 아르침볼도의 봄, 여름, 가을, 겨울, 최후의 마찬, 함무라비 법전 석비. 어떻게 서너 시간에 볼 것들인가. 집에 있던 화보집에서 봤던 것들을 실물로 본다는 사실 자체에 대한 설렘이 있었다. 마음은 고사하고 눈에 담을 새도 없이 주마간산 격으로 루브르 박물관, 오르세 미술관, 로댕 미술관까지 세 미술관 투어를 이틀에 걸쳐 했다. 얼마나 아쉽던지.

관광(觀光)이란 다른 지방이나 나라의 풍경, 풍물 따위를 구경하고 즐김을 의미한다. 첫 여행이니 이 정도로도 감사해야지. 더구나 지구에서 가장 유명한 루브르 박물관이니 말이다. 유럽 지점으로 파견 나가는 은행원 남편을 따라 영국살이를 하며, 주말마다 전 유럽의 박물관을 탐방한다던 옛 동료가 정말로 부러웠던 날들이었다. 영국 나갈 때 가지고 간 교원 책들이 미술관 투어에 많은 도움이 되었다고 연락을 줬었다.

파리 도착한 첫날 밤 룸메이트의 실수로 유럽 여행 안내 책에 나오는, 누가 그런 일을 할까 싶었던, 욕실 사용을 잘못해서 물이 침실 카펫으로 흘러넘쳐 와 대소동을 빚었다. 두 사람의 세수 수건과 커다란 목욕 수건 모두 순식간에 욕실 문 앞 문지기로 변했다.

베르사유 궁전에서는 그 유명한 소매치기를 당해 핸드폰이 분실되는 수난을 겪어 톡톡히 여행세를 지불한 룸메이트 덕분에, 모든 이들이 시골에서 갓 상경한 할머니처럼 핸드폰과 지갑을 으스러지게 움켜쥐고 다녔다. 처음 만났으나 둘 다 센터에서 혼자 온 바람에 4박 5일을 평생 알고 지낸 지기처럼 딱 붙어 다닌 룸메이트, 따님이 부처님 탱화를 그리는 불교 미술가라던 해맑은 미소의 넉넉한 인품을 가진 룸메이트. 지금은 어디서 무얼 하고 있는지 궁금하다.

샹젤리제 거리의 디저트 유명 맛집 라뒤레에서 마카롱도 먹었다. 당시는 밀가루 음식을 삼가던 터라 시큰둥했는데, 점심 달팽이 요리는 무슨 맛인지 싶어서 호기심 가득으로 먹었다. K-푸드가 굳이 아니어도, 음식은 역시 우리 입맛에 맞는 우리 것이 최고다.

나폴레옹이 지나갔을 개선문에서 나폴레옹이 숨쉬고 뱉은 공기도 들이쉬며, 한 인간의 화려한 흥망성쇠도 맛보았다. 에펠탑에 올라 센터 식구들 기념품도 잔뜩 샀다. 한창 감수성 예민한 여중생 때 읽었던 빅토르 위고의 《파리의 노트르담》을 떠올리며 방문한 노트르담 대성당에서는 콰지모토가 종탑의 종을 치는 모습을 상상하며 순정에 설렜다. 세월이 이리 지났으나 그때 감성이 재현되는 것을 보면 역시 문학은 청소년기에 읽어야 한다.

까마득한 몽마르트 언덕을 오르는데 잘생긴 집시 남자들이 실로 꼰 허술한 팔찌를 들고 판매하려 데이트하는 연인 관광객들에게 말을 걸었다. 우리는 가던 길을 멈추고 프랑스 집시들의 영업법을 눈여겨 구경했다. 훅 다가가 다짜고짜 여자의 손목에 팔찌를 먼저 걸어 주고, 함께한 남자에게 꼬여진 두개의 실 가닥처럼 두 사람의 사랑이 영원할 거라고 설명하는 그들. 온 세상 영업은 똑같았다. 경찰의 단속 호루라기 소리가 들리자 정말 눈 깜짝할 새 사라져 한 사람도 남지 않았다. 언제 와글거렸냐는 듯 다시 나른한 오후의 평화로운 장소가 되었다.

오즈 마법사의 깡통 로봇으로 은빛 분장한 사람도 인형처럼 서 있었다. 관광객이 다가가자 갑자기 움직여 놀라게 하여 모두를 깔깔거리며 즐겁게 했다. 거리의 악사가 연주하는 걸 듣고, 공연료를 주지 않고 듣기만 한다고 화를 내 얼른 자리를 피하기도 했다.

겨우 도착한 넓은 언덕 위에는 또 다른 세상이 펼쳐져 있었다. 그림을 그리는 많은 화가 지망생들이 구경거리가 되고, 그 속에 대부분의 관광객 대상으로 장사하는 캐리커쳐 화가들도 본인을 그리느라 앉아 있는 관광객도 모두 구경거리가 되었다. 피아가 모두 관광 대상, 구경거리인 곳. 파리지엥은 하나 없고 전 지구에서 몰려든 우리 구경꾼들 속에서 서울에서 마시던 스타벅스 커피를 반가이 마셨다.

잠시 무슨 일로 버스가 정차해 있는 동안, 우르르 몇 지국장들이 명품 매장을 다녀왔다. 손에는 몇백 만원 명품 가방을 하나씩 들고서 해맑게 나타났다. 인천공항에서 선글라스를 몇 개씩 사던 쇼핑 솜씨를 이곳에서도 본격적으로 발휘했다. 통 큰 여자들 버스였다. 또 돌아가 벌면 되니까. 그들의 답이었다.

최고로 집중해 밤낮없이 일하던 그녀들은 놀 때도 그만한 광기로 놀았다. 마지막 교원인의 밤 장기자랑으로 마지막 열정을 불사르고 남아 있는 식구들 줄 선물들을 들고 온 가방보다 큰 가방에 담아 비행기에 올랐다. 뜨거운 여자들이었다.

집으로 돌아가는 비행기에서는 완전히 리셋되어서 새로이 시작할 일상 준비에 돌입한 그들이 서로에 대해 궁금한 점이나 일에 대해 묻고 공유하는 프로끼리의 진지한 모습은 참 멋졌다. 우리들로 꽉 찬 비행기는 와글와글 열정으로 가득 찼다.

세상은 공평한가? 세상의 기회는 공평하다. 결과도 공평한가? 아니다. 하루하루 월급자만큼 벌겠다 생각하는 이들도 있지만 찐하게 살고, 즐기고, 살아간 사람들이다. 기본이 이미 되어 있어, 한두 마디의 공유로도 서로가 더 성장한다.

공항에 내려 흩어져 갈 때 '내년에 1급지에서 보자'가 우리들의 이별 인사였다. 본사 스텝진들의 주도면밀하고 친절한 돌봄 속에, 최고의 대접을 받으며, 4박 5일의 파리지엥 생활은 그렇게 가슴 한 켠 고이 내 인생으로 한 장의 추억으로 남았다.

정착 타이밍

경기를 치르는 곳에는 선수와 코치, 그리고 감독이 필요하다. 요즘 센터장의 역할은 감독을 겸한 코치와 같다. 예전에는 지국장이 조직장답게 신입을 도입하고 훈련하는 데 시간을 쏟았다. 물론 지금도 출근 인원을 늘리고, 그들에게 비전을 주며, 상담 기술을 접수하고 능숙하게 훈련시키는 데 힘쓰는 지국장들이 있다. 그러나 최근에는 직접 상담과 판매, 고객 관리에 매진하는 경우가 전국적으로 더 많아졌다. 시대와 환경의 변화에 따라 적응해 온 결과일 것이다.

그렇다면 채용은 왜 하는가? 방문판매업에서 신규 유입은 성공의 핵심이다. 한 달 매출의 30~50%를 차지하며, 곧바로 성과로 이어진다. 단기 성과나 장기 성과 모두 센터의 채용에 달려 있다. 채용은 모든 성과에 높은 영향을 미친다.

양계장을 만들 생각 없이 계란만 소비한다면 어떻게 될까? 계란은 어느 순간 구할 수 없게 된다. 언제부터 병아리의 부화를 시작해야 할까? 정규 교육이 끝나자마자이다. 지국장은 석 달간 100일은 갓난 신생아 돌보듯 하루 한시도 눈을 떼서는 안된다. 센터는 교육을 인계 받은 다음 날부터 신입들이 듣고 싶어 할 교육과 행사를 준비해야 한다. 교육으로 뜨거워진 신입이 월말까지 출근을 이어 가게 하는 것이 최선이다.

이때 어떤 특강과 이벤트를 준비할지, 신입 선생님의 자녀 연령과 상황은 어떤지 고민해야 한다. 이 기회를 놓치면 두 번째 달 정규 교육 전후가 마지막 기회다. 지국장은 교육생과 밀착 방문하며 교육, 수당, 상품 활용에 대한 기대를 높여야 한다.

대부분 신입은 이 시기에 현실과 부딪힌다. 장밋빛 미래는 사라지고, 처음 구매한 낯선 상품을 아이들과 씨름하며 힘들어한다. 병을 주었으니 이제 약을 줄 차례다. 사후 관리는 사전 관리와 맞닿아 있다. 판매는 끝이 아니라 시작이다. 상품 활용법을 익혀 만족도가 오르면, 그는 최고의 고객이자 재구매 후보가 된다. 더 나아가, 출근하며 활용법을 배우면 '고객도, 판매자도 아닌 어정쩡한 상태'에서 벗어날 수 있다. VIP고객으로든, 판매자로든 변화시켜야 한다. 따라서 센터에는 반드시 저연차 선생님을 위한 활용법 교육이 준비되어야 한다.

이 사업을 사냥하듯 할 것인가, 농사짓듯 할 것인가. 지국장들은 이 일을 단순한 영업이 아니라 '교육 농사'로 인식해야 한다. 가을 추수의 날까지, 지국장으로 승진하는 날까지, 씨앗 같은 신입을 가르치고 보살피며 정성을 다해야 한다. 내가 병아리반에, 장차 씨암탉이 될 이들에게 가장 큰 열정을 쏟았던 이유가 바로 여기에 있다.

성장과 성숙

교원에서 일하며 많은 사람과 만나고 헤어진다. 선생님과 고객으로, 지국장과 선생님으로, 센터장과 지국장으로, 총괄단장과 센터장으로, 매니저와 센터장으로, 팀장과 매니저로. 다양한 관계로 만나 길어도 1~2년 안에 다시 헤어진다.

처음 대학을 갓 졸업하고 입사한 신입 매니저들과 많이 일했다. 좋은 것이 좋은 것이었던 내 성품이 여타 문제를 일으키거나 불평 불만이 없었기 때문인지, 내 나이 탓에 아들 같은 어린 매니저들과 잘 지내서인지도 모르겠다.

당시 나는 무너진 조직으로 고전하고 있었다. 그 매니저 역시 갓 졸업 후 센터에 배치되었을 때다. 그는 열정이 넘쳤고, 자부심이 넘쳤고, 의욕이 넘쳤다. 센터의 식구들에 대한 애정도 넘쳐서 무언가 계속 일을 벌이고, 부딪히기도 하고, 그의 활력이 모두에게 전달되곤 했다.

본인 이야기를 하며 실장님이라 하지 않고 님을 붙이지 않고 언급했다고 존중하는 어휘를 써 달라 요구하던 사람이었다. 나도 열정과 카리스마가 넘칠 때라 부딪힐 때도 있었으나 일에 대한 열정, 식구들에 대한 열정으로 금방 무마가 되었다.

술을 워낙 좋아해서 사무실 앞 찜질방에서 잘 망정 근태도 좋아 합을 맞춰 열심히 했다. 서로 밀어주고 인정해 주니 시너지가 되었다. 너무 짧은 기간이 지나고 첫 부임지에서 능력이 인정받아 성과가 좋은 큰 센터로 발령을 받아 떠났다.

아주 오랜 뒤에 스치듯 만나게 되었다. 세월만큼 성장하지 않고 많이 달라진 모습이 조금은 슬펐다. 나는 어떠한지 돌아봤다. 시간이 흐른 만큼 무모한 열정은 노련한 열정으로 대체되어야 한다. 그러나 시간의 무게만큼 성장해서 성숙해진 모습이기를 바란다. 성장만 하고 성숙하지 못하거나, 성장하지 않고 성숙만 한 것 둘 다 아름답지 않다. 성숙을 동반한 성장. 세월과 함께 가야 할 길이다.

송년 페스티벌

해마다 연말이 되면 한 해 동안의 수고로움을 서로 격려하고 마무리하면서 새로운 출발을 다짐하는 송년회가 이곳저곳에서 진행된다. 교원도 본사가 진행하는 전국 규모의 송년 페스티벌이 12월 초에 화려하게 열린다. 본사 스텝진들이 1년 중 가장 공을 들이는 큰 행사 중 하나다.

먼저 8~9월경 섭외할 초대 가수의 선호에 관한 설문조사를 현장에 실시하며 준비가 시작된다. 11월이면 송년 페스티벌 참석권 경진으로 전국의 영업 현장이 어느 때보다 치열하고 뜨거워진다. 학습지 업계의 성수기인 11월에 한 달을 내내 잘하기는 어려워도, 특정 짧은 기간의 도전은 얼마든지 마음만 먹으면 가능하다. 약 1,000명의 참석권이 여러 직급에 걸쳐 시상으로 분배된다.

전국의 평범한 중위권 지국장들까지 경진에 참여해 마음을 들썩인다. 상위권 우수 지국장들은 산하 식구들과 함께하려고 의지를 불태운다. 센터들은 지국장들이 전원 참여하도록 이슈화하여 일치단결 성과를 내기도 한다.

장기자랑의 경진으로 본선 진출하여 대량 참석하기도 한다.

본사의 다음 해 이슈를 발 빠르게 입수하여, 희극화하기도 하고, 난타, 춤과 노래를 준비하여 마감하면서 그 짧은 시간에도 그 역시 1등 하겠다고 열정을 쏟아낸다.

참석권을 확보하고 나면, 그날 입을 드레스 코드를 통일하자, 개별적으로 하자 즐거운 토론을 하고, 함께 할 반짝이는 불빛 머리띠, 야광 팔찌, 갖가지 응원봉도 준비한다. 어느 해는 온통 하얀 옷투성이어서 가장 빛나려 했다가, 다음 해에는 다른 색으로 하자 수군대면서 실망한 얼굴이 되기도 했다. 튀고는 싶은데 눈에 뛰는 것은 부담스러운 보통 사람들이 궁리해서 나온 결과라서 그럴 것이다.

최고의 영업인이 모였으나, 교육사업을 하는 우리들의 절제와 보수성이 묻어난 드레스 코드를 볼 수 있다. 영화인들의 연말 수상식처럼 어깨를 드러낸 드레스를 입지는 않으나 모든 교원인이 가장 멋지게 변신할 공식적인 봉인 해제의 날이다. 반짝이 비즈 정도는 입어 줘야 하는 사람부터, 왕자님 만나러 온 신데렐라처럼 보통 사람들이 즐기는 화려한 축제다.

지방에서 참석하는 사람들은 한겨울 꼭두새벽 바람을 헤치고 출발해서 점심 무렵 행사장인 호텔에 도착한다. 5성급 호텔의 한 층은 교원 여자로 넘친다. 저녁 만찬이 준비된 식사 시간 전, 시상식이 있는 동안, 대한민국 아줌마 부대답게 각 테이블에는 각종 먹거리가 가득 올려진다. 김밥, 맥주, 과일, 마른 안주, 족발, 치킨 강정. 심지어 어느 테이블에는 삼합조차 있다.

외부에서 초대된 전문 진행자가 퀴즈와 선물 투하로 한껏 분위기를 올리고 장기자랑 경진을 진행한다. 우리만이 이해할 웃음코드로 장착한 콩트는 늘 매년 보아도 재미있고, 기발해 놀랍다. 본인 소속 출연자에 대한 응원 상도 준다. 초대 가수가 나올 즈음이면 축제장의 분위기는 최고조로 오른다.

젊은 아이돌의 공연장을 방불케 하는 아줌마들의 미친 듯한 열기는 천장을 뚫을 듯하다. 메인 가수와 함께 오는 신인 가수도 있고, 조금은 인기가 빛바랜 가수도 함께 와서 먼저 무대를 달군다. 우리의 응대와 환호성은 메인 가수와 그들을 차별하거나 가리지 않는다.

솔직히 우리의 장소에는 누구인지가 중요하지 않기 때문이다. 누가 오든 우리는 이미 뜨겁게 달아오를 준비가 되어 있다. 우리가 주인공이며, 본인을 자축하고, 즐기고, 본인의 열정을 1년에 딱 한 번 봉인 해제하는 시간이다. 무대에 오른 가수들이 오히려 감동하고 기운을 받아서 간다.

아이돌 콘서트장은 특정 아이돌을 사랑하는 팬들의 장소이며, 그들을 중심으로 사랑, 열기가 하나가 된다. 하지만 이곳은 온전히 나 자신을 위해 존재한다. 무대 앞까지 뛰어나가 가수의 손끝 한 번 스쳐 보고, 다시 보지도 않을 영상 촬영도 한다. 한 들린 듯 소리 지르고, 목이 쉴 정도로 목청껏 따라 부른다. 완전히 잠겨서 잘 나오지 않는 목소리로 여한 없이 즐긴다.

행사가 끝나면 흡족한 얼굴로 새벽길을 달려가기 위해 대기한

전용 버스에 올라탄다. 잠 속으로 잠기면, 다시 그 열정은 봉인되어 한 해를 기다린다.

4장

전략

다독

방학이 되면 센터에서 고객들을 불러 모아 1,000권 책 읽기 운동을 한다. 여름 방학이면 5주 500권, 겨울 방학이면 10주 1,000권이다. 매일 15권씩 읽으면 매주 100권을 읽게 된다. 가능하면 다음 학기 예습 독서이기를 권한다.

센터에서는 학년에 따라 다음 학기 교과서와 연계한 권장 도서를 정해 주기도 한다. 아이는 의도가 없었지만 방학 중에 미리 읽었는데, 개학 후 학교에서 그 내용을 만나면 반갑기도 하고 익숙하기를 바라는 마음이다.

이것은 어른들의 큰 기대이자 억지일 수 있다. 그림책은 한번 읽었다고 기억나는 것이 아니기 때문이다. 어렴풋이라도 기억되기를 바란다. 학기 중에 예습으로 학습지를 할 때, 학교에서 수업 중에 관련된 내용을 만날 때도 재미있게 스치듯 읽었던 내용이 이해에 도움이 될 것이다.

아이가 관심 있는 부분을 집중적으로 읽어도 되고, 어렸을 때 읽었던 책을 읽어도 된다. 쉬운 내용이니 아이들은 읽어야 할 많은 양의 책 리스트를 채우고 싶을 때 이 방법을 즐겨 쓴다. 지금 아니면 언제 어릴 때 읽은 책을 여유 있게 읽어 보겠는가.

고학년이어서 두꺼운 책을 읽을 때는 엄마와 아이가 규칙을 정할 수 있다. 한 챕터를 한 권으로 정할 수도 있다. 매일 밥 먹듯이 책을 읽는 습관 형성이 핵심이다. 고기도 먹어 본 사람이 먹듯이 책도 빠져 봐야 맛을 안다. 독서 과정에 돌잡이가 참여하기도 한다. 물론 읽어 주는 것은 전적으로 부모님 몫이다.

대략 이론적 계산이지만, 해마다 여름과 겨울 방학 3달 동안 1,500권씩, 개학하면 하루에 5권씩 1,500권을 읽는다. 5세 아이가 중학교에 들어가기 전까지 9년간 해마다 3,000권씩 총 27,000권을 읽을 수 있다. 아이의 문해력 부족이 문제가 될 것은 없다. 방학 중엔 15권, 학기 중엔 5권이다. 방학을 마친 뒤 15권씩 읽었던 아이들에겐 5권은 아주 가벼운 양이다. 혼자 하면 이것은 하기가 어려울 수 있다. 부모가 함께 하면 아이들은 가능하다.

센터에서 발대식을 하고 선서문을 낭독하고 비가 오나, 눈이 오나, 친구가 놀러 오나, 할머니가 오시거나 상관없이 책을 읽어 보자고 유도한다. 어느 센터는 네이버 밴드도 만들고, 어느 센터는 센터 카톡 방을 이용하고, 어느 센터는 오픈 채팅 방을 만들어 이용한다.

첫 일주일 동안은 15권을 읽고 매일 인증샷을 올리고, 첫 금요일부터 쌓은 책의 100권 탑 인증샷을 올린다. 이모티콘이나 좋아요 누르기로 서로 칭찬하고, 사진을 출력하여 센터 입구 벽에 부착해 자랑한다. 자랑스러운 얼굴들이다. 아이들이 병원에 입원해서도 엄마가 책 읽어 주는 사진도 올라오고, 기차 타고 여행 중에도 책 읽기에 열중한 아이의 사진도 올라온다.

아이도, 엄마도, 아빠도 토요일에 붙어 있는 그 사진을 보면 그렇게 뿌듯해할 수가 없다. 한 아이당 여름엔 5장, 겨울엔 10장의 사진이 부착된다. 매주 그 사진을 보며 서로가 득의양양해지는데, 될까 싶었던 계획이 점차 '할 수 있겠다'로 변한다. 아무리 바빠도 칭찬하거나 사진 붙이기를 게을리할 수가 없다. 토요일 아침엔 사진을 모두 오려 붙이느라 바쁘다.

5주 후 수료식을 하는데, 부모님들이 와서 센터에서 마련한 서울대 배지를 아이 가슴에 달아 주고 서울대 마크가 들어간 문구 선물과 간식을 준비한다. 어떤 지국장은 사진을 액자로도 만들어 주고, 코팅해서 병풍 모양으로 만들어도 준다. 참여한 모든 아이들이 얼마나 뿌듯해하고 자랑스러워하는지 모른다.

일정 기간 책 속에 푹 빠져 지낸 아이들이 눈에 띄게 성장할 때 큰 보람을 느낀다. 독서를 통해 쌓은 성장은 아이의 삶의 기본 토대가 된다. 요즘 아이들이 겪는 문해력 부족 문제 역시 독서를 통해 충분히 개선될 수 있다. 그 시작의 습관을 들이는 과정에서, 함께 지켜보고 응원해 주는 주변의 존재가 있다면 아이들에게 훨씬 큰 도움이 된다. 그저 아이들의 성장을 위해 한 움큼 보탤 뿐이다.

과유불급

　2월 말이 되면 센터에서는 출근하는 사람들에게 작은 봄꽃 화분을 선물하곤 했다. 신학기를 맞아 아이들이 입학하거나 새로운 환경에 적응해야 하는 시기라, 엄마들의 마음은 온통 아이에게 쏠리기 마련이다. 센터에서는 분위기를 밝히고 힘을 북돋아 주기 위해 작은 이벤트를 준비했다.

　양재동 가락 꽃 시장은 늘 그 즈음이면 화려한 봄꽃을 찾는 사람들로 북적인다. 아직은 찬바람이 매서운 계절이지만, 사람들은 봄을 집과 일터로 한발 먼저 불러들이고 싶어 서둘러 꽃을 사 간다. 아이들과 함께 꽃 시장을 돌며 사진을 찍던 추억이 있어, 그곳은 내게도 특별히 마음이 화사해지는 장소다.

　노란 미니 수선화, 분홍빛 애기 용담, 원피스 꽃무늬와 누구나의 꽃 그림에 늘 등장하는 사계쑥부쟁이, 데이지, 화려한 이름과 달리 앙증맞아진 색색의 미니 장미, 화려한 원색의 양귀비, 도로변에 장식되어 흔해진 색색의 페튜니아와 베고니아, 조선시대 신분이 낮은 상민이나 천민이 쓰고 다녔던 대나무를 가늘게 쪼개어 엮은 모자 모양의 패랭이, 100일동안 꽃이 붉게 핀다는 백일홍, 봄

구근 대표 식물의 대표 히야신스, 이름은 낯설지만 꽃 모양은 흔히 익숙한 칼랑코에와 시클라멘도 있다.

센터 크기에 따라 많게는 6~70개 화분을 가득 담아 사무실로 가져오는 마음이 설렜다. 낯선 꽃들의 이름도 작은 이름표에 적어 화분에 정성껏 꽂아 준다. 책에서도 늘 보던 미니 수선화나 히야신스는 선생님들이 제일 먼저 골라 가는 인기 꽃이다. 예쁜 꽃들이 저마다 자태를 뽐내며 아이들이 있는 선생님들 집으로 분양되어 사라졌다.

지국장들은 집에 가져가기보다 책상 위에 하나씩 올려놓고 봄꽃만큼 화사하게 웃으며 행복해했다. 기분 좋은 모습으로 한 달을 힘차게 시작하기를 기도했다.

책상 위에 많은 꽃들이 수명을 다할 때까지 우리와 함께 하면 좋은데, 일은 그때부터 벌어졌다. 채 일주일도 못 넘기고 죽어 간 것이다. 물론 오랫동안 꽃을 가꾸는 사람들도 있었다. 그러다 보니 자연스럽게 꽃을 다루는 다양한 지국장들의 모습을 관찰해 보았다.

꽃에게 필요한 것은 흙, 빛, 물이라고 학교에서 배웠는데 필요한 것은 더 있다. 공기, 사랑, 올바른 지식이다. 빛은 LED 등이 있어 해결이 된다. 흙은 이미 제공되어 있다. 볼 때마다 예쁘다며 사랑스럽게 쳐다보고 감탄을 들려주는 사람도 있다. LED 등 쪽으로 화분을 돌려주는 적극적인 사람도 있다.

문제는 물이었다. 예쁜 꽃이 시들게 두지는 않는데, 아침마다 매일 물을 듬뿍 주는 사람들이 많았다. 한 사람이 출근 후 물을 주러 화장실로 들고 가면 너도나도 따라 하는 사람도 많았다. 흙 속에 심어져 있는 꽃이 물에 빠져 죽는 것이다. 아름다움이 홍수 에 휩쓸리고 수장된다. 매일 물을 주고 마르기도 전에 또 주고, 계속 준 꽃은 급기야 줄기, 잎, 심지어 화려한 색깔의 얇은 꽃잎조차 퉁퉁 불어서 희미한 색으로 변해 맥없이 쓰러졌다.

과유불급이다. 넘치는 사랑, 부족한 지혜는 꽃에게 고문이 되었다. 키우는 이의 앎과 관심에 따라 어떤 꽃은 활짝 피어 제 수명을 다하지만, 어떤 꽃은 피어 보지도 못한 채 봉오리로 스러진다. 차라리 물을 주지 않았다면 꽃이 가진 수분으로 더 오래 버틸 수도 있었을 것이다.

이 무지는 작은 화분에만 국한되지 않는다. 예쁘고 사랑스러운 자녀에게도, 구성원에게도 동일하게 반복된다. 부모로서, 리더로서 우리는 종종 '사랑'이라는 이름으로 과한 간섭과 보호를 한다. 문제는 그것이 잘못임을 스스로 자각하지 못한다는 데 있다.

꽃은 즉각 반응해 우리를 깨우치지만, 사람은 다르다. 모자란 사랑보다 넘치는 사랑이 더 위험하다. 보이지 않는 과잉은 더 빠른 파멸을 불러온다. 작은 화분이 우리에게 준 가장 값진 가르침이었다.

일사불란

관리자는 센터의 운영이 일사불란하기를 원한다. 조직원들이 합심하여 성과로 질주하기 원한다. 그러나 그렇지 못할 때가 많다.

지국 수가 줄어들어 두 센터를 하나로 합친 경우가 있었다. 서로 다른 센터 문화를 가지고 있던 그들은 조직이 줄어들면서 받은 상처도 있었고, 자격지심도 있고, 살아남은 자들의 고집과 아집이 있었다. 그런 탓인지 무언가 사소한 일 한 가지조차 결정하려고 하면 각자의 주장으로 언성이 높아지고 좀처럼 일이 진행되지 않았다. 이들을 어떻게 한마음으로 만들어 일사불란하게 이끌어 갈 것인가에 대해 고민해야 했다. 자발적으로 서로 양보하고 이해하는 조직이 되어 쓸모 없는 감정 소모에 에너지를 낭비하지 않았으면 했다. 고름을 그저 덮을 것인가, 짜낼 것인가 선택해야 했다.

영업 조직은 작은 결정에도 각자의 이익이 첨예하게 부딪힌다. 시장 환경, 고객의 요구, 기호 등에 따라 각자의 판단도 다르기 때문이다. 거기에 서로에게 얽힌 이해관계의 나쁜 경험이라도 있을 경우라면 참 가관이다. 이럴 때 관리자는 사분오열에 걱정하고 염려한다.

사실 정답은 없다. 어떤 사안인가에 따라 현명한 답은 매 순간 다르다. 센터장이 판단하여 결정하고 통보하는 경우도 있다. 다수의 의견 수렴이 필요한 일이라면 센터장이 주도하여 충분한 의견과 각각의 주장을 듣고 결정하기도 한다. 미리 의견을 듣고 묻지도 않고, 센터장이 먼저 결정하는 경우도 있다.

센터의 성과에 큰 영향을 끼치지 않는 일이라면 그 자리에서 충분히 갑론을박하게 했다. 감정적 공격이 되지 않도록 조절하면서 무조건 다 털어내라 한다. 끝까지 의견을 개진하라고 한다. 속을 시원히 털어내는 것만으로도 많은 부분이 해결되고, 쓸모없어 보여도 이야기가 오가는 중에 서로를 이해하는 계기가 된다.

충분히 논의한 후 결정이 되면 뒷말 없이, 군소리 없이 따르기를 제안했다. 둘이 하나가 되는 가장 좋은 방법이라 생각했다. 밖에서 보기에 시간이 걸리고 오합지졸처럼 보였으나, 활기찬 토론 속에 점차 서로의 생각과 성격, 상황을 이해하게 된다. 상처가 아물고, 자신의 목소리를 내는 중에 자신을 되찾고, 소속감을 되찾고, 우리는 하나로 녹아들었다.

조직원 간의 이해와 조직장과의 소통이 있은 후, 다른 사람들의 할 수 있겠냐는 부정적인 시선에도 불구하고, 우리는 연말에 큰 성과를 이루었다. 큰 성공 경험으로 오합지졸에서 단련된 첨예병으로 업그레이드됐다. 무엇이 일사불란을 만드는가. 소통이 핵심이다. 서로 이해하고 뜻이 통한다면 무엇이든 이룰 수 있다.

그들이 소통하게 하려면 관리자의 태도 또한 중요하다. 관리자가 먼저 열린 마음으로 소통하려 하고, 경청하며 다가가야 한다. 관리자의 이런 태도가 조직원 간의 단합을 이끈다.

내 과거는 모두 잊어라

센터장은 차기 센터장을 훈련시키는 일을 해야 한다. 회사가 공식적으로 발탁을 하더라도, 발탁 이후 즉시 역할을 수행할 수 있도록 길러내는 것은 선배의 몫이다. 감독은 더 위 직급자의 역할일 수 있지만, 함께 생활하는 선배가 코치가 되는 것은 당연한 일이다.

내가 새로운 센터로 발령받았던 당시, 세 명의 사업국장이 있었다. A는 비상한 머리를 가진 전략가, B는 우직한 조직장, C는 철저한 영업맨이었다.

A는 성과가 늘 좋았고, 일을 잘하는 이들 사이에서 명성이 높았다. 그러나 근태 불량이라는 치명적인 꼬리표가 붙어 있었다. 실적은 뛰어나지만, 지각과 결근이 잦았다. 선생님들이 다 출근한 뒤 슬쩍 들어오곤 했고, 한 달에도 몇 번씩 결근했다. 편애 논란과 기강 문제로 내가 면담도 하고 벌금도 부과했지만, 10년 넘은 습관을 하루아침에 고칠 수는 없었다.

그럼에도 그녀는 카리스마와 리더십으로 산하 식구들을 잘 이끌었다. 근태만 빼면 나무랄 데 없는 전략형 리더였다. 그러던 어느 날, 단장님이 그녀의 승진을 추천했다. 나에게 "센터장 승진을 설득하라"는 지시가 내려왔다. 그날 아침, 사무실 건너 커다란 창으로 햇살이 쏟아지던 장면이 선명히 기억난다. 그녀를 찾아가 꽤 오랫동안 설득했다.

마침내 그녀는 희망 반, 체념 반으로 승낙하며 속내를 말했다.

"지각을 자주 했는데, 그걸 다 아는 센터 식구들을 어떻게 이끌어 가야 할까요?"

나는 이렇게 답했다.

"사업국장 시절 지각은 과거의 일입니다. 센터장이 된 뒤에도 '나는 지각을 했던 사람이다'라며 책임을 회피하실 건가요? 과거는 돌릴 수 없습니다. 양심의 가책은 개인이 지고 가면 됩니다. 지금 맡은 센터장 역할에 충실하면 됩니다."

그녀는 센터장이 된 뒤 지각 습관을 고쳤고, 지금은 훌륭한 성과를 내고 있다. 아마도 센터장 정도의 책임감이 있어야 바뀔 수 있었던 습관이었나 보다.

풍문에 따르면, 그녀는 승진 이후 과거의 나는 잊어 달라고 부탁했다고 한다. 자신의 잘못을 반성하고, 잘못을 고치며, 현재에 집중하는 그녀의 모습이 정말 멋지지 않은가? 나는 늘 그녀를 응원한다. 무엇보다, 근태에 가려진 능력을 알아보고 더 중요한 것과 덜 중요한 것을 분별했던 상사의 혜안이 지금도 존경스럽다.

정도

센터장이 되고 여러 번 센터를 옮겼다. 그러다 보니 다양한 지역의 센터에서 다양한 사람들을 만났다.

전국 꼴등을 밥 먹듯이 하고, 매일 문제가 터지는 센터에서 센터장을 시작했다. 그렇게 시간이 흐르고 열심히 하다 보니 출근하는 사람이 많이 늘었다. 아침 체조를 할 때면 공간이 좁아서 서로의 팔이 부딪히고, 그럴 때마다 깔깔거리며 서로 웃음을 터트렸다. 출근하는 사람이 많아지고 일이 잘되니 사소한 일에도 사춘기 여학생처럼 웃음꽃이 피었다.

두 번이나 센터를 넓혀서 이사를 하며 센터의 최고 전성기를 맞았다. 1년 성적으로 받은 상품으로 전국의 센터장 2명에게 주는 파리 여행도 다녀왔다. 센터를 떠날 때 어떤 곳도 최고로 만들 수 있다는 오만함으로 옮겨 간 다음 센터에서 나는 처절히 부서졌다. 비정도 영업으로 큰 물의를 일으키고 난 다음의 센터 상황이었다.

비정도 영업에 오염되어 있는 다수의 지국장들이 겉으로는 멀쩡한 듯 앉아 있었지만 속이 곪아 있어 사실상 정상 운영이 어려웠다. 나는 감사팀도 아닌데 지속적으로 거짓말을 하는 지국장에게 증거를 찾아 사표도 받았다. 비정도 영업을 하지 않겠다고 약조한 어느 지국장은 반드시 제대로 일하게 하고 싶었다.

바닥에서 다시 시작하도록 매일 내 차로 태워다 주고 태워 오며 실질적인 활동을 독려했다. 들어가는 계약 하나씩 살폈다. 수시로 밥을 먹이고, 정신 교육하고, 친해지려고 귀가 시에도 집에 데려다주고 갔다.

그녀에게 참 진심이었다. 그녀도 예전과 다르게 변화하는 모습을 보여 주었다. 매일을 이를 악물고 오랜 시간을 버텨 주었다. 그런데 집안에 문제가 있어 상황이 어려워지자 고비를 넘기지 못하고 다시 비정도 영업에 손을 뻗었다. 결국 감사 팀에 적발되어 불명예로 회사를 떠났다.

가지 말아야 할 길은 처음부터 발을 들이면 안 된다. 특히 도덕적인 일은 더욱 그러하다. 나쁜 일은 한 번이 어렵지, 두 번은 어렵지 않다. 중독된 후에 끊어 내기는 참으로 어렵다. 인생에 단 한 번의 방심도 허용해서는 안 된다. 귀한 내 인생이다.

한 사람의 인생이 관리자의 손에 달려 있다. 센터의 이런저런 일들을 겪으면서 상대에게 상처받을 때도 있었고, 내 멘탈이 부서질 때도 있었고, 내 능력에 좌절할 때도 많았다.

그때마다 리더십인가, 사람의 문제인가 고민했다. 무엇이 더 중요한가. 그때 이 화두를 들고 몸부림쳤던 건 사람을 넘어서는 내 리더십의 부족을 인정하기 어려웠기 때문일 것이다. 분명히 센터의 상황들도 다양하고, 그 속에서 속한 식구들로 다양하다. 그곳에서 리더가 어떤 리더십을 발휘하는가에 따라 센터의 성과가, 구성원들의 관계가 달라짐을 그때는 알아차리지 못했다.

13곳의 센터를 경험하며 깨달은 것은, 나는 리더이며, 센터를 잘 만들어 식구들이 비전을 향해 나아갈 수 있도록 돕는 것이 내 역할이라는 점이다. 그 속에서 늘 정도를 잊지 않아야 한다.

자발적인 시작점, 끝점

회사에서 센터와 지국에 정확한 목표를 내려준다. 회사의 방향에 즉시, 정확하게 일치시키려고 한다. 그 목표를 달성하고자 각 센터는 애를 쓴다.

조직은 2:6:2의 비율로 형성된다. 상위 20%, 하위 20%, 그리고 중간의 60%이다. 상위 20% 센터들과 달리 하위 20% 센터는 목표 달성을 해 보려 몸부림치고 발버둥치지만 센터장의 멘탈을 흔드는 현상과 결과에 매일 직면하게 된다. 관리자의 감당력이 필요하다.

나라서 이 결과인가? 매번 묻는다. 관리자가 마음 관리를 못해 평정심을 잃어버리면, 본질과 핵심을 놓치고 현상에 함몰된다.

맡은 센터가 소위 어려운 센터라고 소문난 곳에 발령받으면 어려운 결과에 의한 센터 운영비도, 수당도 적어지기 때문에 이중고가 된다.

입장을 바꾸어 생각해 보면, 그곳에 내가 필요해서, 내가 가장 적합해서 배정된 센터일 것이다. 인사가 만사이므로 어느 때, 어느 곳에 누구를 보내는가로 회사는 가장 고민스러울 것이다. 나이기 때문에 흥하게 할 수 있다고 믿어서 이 자리에 발령 낸 것이다.

영업인 하나를 제대로 키우는 데 1년에서 2년은 걸린다고 계산해 보면, 아무리 작은 센터여도 수많은 지국장, 마스터, 선생님이 있는 곳이고, 그 시장의 미래까지 생각한다면, 센터장의 임무는 매우 중요하다.

센터에 발령이 나면 우리는 인수인계라는 것이 없다. 그 달 월마감이 끝나면 바로 다음 날 새 부임지로 출근한다. 아마도 열정과 선입견 없는 집중력으로 무에서 유를 창조할 수 있는 일이 영업이기 때문일 것이다.

서로에 대한 낯선 긴장감으로 순간적으로 집중력을 최대한 발휘하여 몰아가기가 가능하다. 첫 석 달 정도는 '부임빨'이라는 용어가 있을 정도다. 그 기간에 잘 된다면 전임자가 과정 관리와 조직을 통해 배양해 둔 결과로 생각해야 한다. 첫 달은 무조건 성과가 나도록 쏟아 붓는다. 열정과 텐션을 올리고, 물질을 쏟아붓고, 최고의 아이디어와 전략을 투입하고, 시간을 태운다. 미친듯이 몰아쳐 첫 수준을 높인다. 먹이고, 설득하고, 목표에 집중하도록 으르고, 점검하며 집요하게 들러붙는다.

그래도 안 되는 곳도 있기는 하다. 그 정도로는 받아들이기 힘든 곳일 뿐이다. 그것이 출발선이 되면 된다. 비가 오면 우산을 쓰고, 태풍이 불면 비옷 입고, 장화도 신고 우산도 동시에 쓸 뿐. '왜 많이 오냐, 적게 오냐' 하며 비 내리는 하늘을 탓하지 않는다. 평생 내리는 비는 없기 때문이다.

데이터를 좋아하는 나는 지난 6개월에서 1년의 매출과 채용 성과를 점검하고 흐름을 파악한다. 구성원의 변화 추이도 파악한다. 늘 잘했는지, 잘하다 못하게 되었는지, 늘 무엇을 했는지, 못하다 잘하게 되었는지, 왜 그런 변화가 있는지 여러 수치에서 이유와 근거를 찾는다.

그것들을 근거로 추리 작가가 되어 그들의 지난 역사를 상상해 본다. 숫자는 거짓이 없다. 우리가 그 의미를 잘 해석하지 못할 뿐이다. 문제 유형도 해답도 숫자 속에 예쁘게 숨겨져 있다. 구성원 각각을 들여다보고, 이곳에서의 2:6:2로 분류해 본다. 우선 집중할 사람, 키워 내야 할 사람으로 구분하고 각자에 맞는 설계도를 그린다. 제일 중요한 전체 센터의 설계도를 그린다.

발령받은 오늘이 시작점이고, 떠날 날이 끝점이다. 1~2년이라는 긴 선분에 찍힌 앞뒤 두 점. 내게 주어진 유한한 시간 안에 도달하고 싶은 끝점의 수준을 정한다. 출근자를 몇 명 만들고 싶은지, 매니저를 몇 명 키우고 싶은지, 연평균 매출을 어느 수준까지 올릴지 설정한다.

월별로 쪼개고, 오늘 내가 할 수 있는 것을 고민하며 계획을 수정한다. 끝점을 향한 자발성이 있어야 지속적인 흥과 신명이 살아난다. 현상에 매몰되면 안 된다. 오늘도 사람들로 북적이는 센터에서의 끝점을 향해 힘차게 한 걸음 내딛는다.

정의란 무엇인가

그녀는 야외 홍보로 처음 일을 시작해서 야외 홍보로 뼈가 굵어진 사람이었다. 점심 즈음, 오후 5시 즈음, 하루에 2번을 나갔다. 매일 잠깐씩 야외 홍보하느라 사무실 근방 동네 한 바퀴를 돌고 들어온다. 들어올 때는 손에 반드시 상담 약속의 연락처가 들려 있다. 움직이는 사람들이 많은 토요일, 일요일 주말을 놓칠 리도 없다. 정말 워커 홀릭이 무엇인지 여실히 보여 주는 사람이었다.

그녀가 유방암 수술을 두 번 받을 때 두 번 다 함께 일했다. 센터 출근자 전원에게 쾌유 기도와 응원 글을 커다란 전지에 적어 전달했다. 다행히 강인한 정신력과 삶에 대한 치열한 애착으로 빠르게 건강을 회복했다. 매일 목표를 정하고, 성취하고, 부지런히 야외로 걸어 다니던 일의 형태가 병도 쫓아냈다.

받아온 연락처를 핸드폰에 저장하는데 참 특이했다. 이름 석 자 쓰는 자리에 알게 된 모든 정보를 모두 입력했다. 무슨 학습지 몇 월에 종료, 무슨 아파트, 직업, 둘째 나이 등. 이름만이 아니라 몇 줄로 빼곡히 적었다. 비 오는 날 밖으로 나가 고객을 만나지 못하는 날은 전화 작업을 하는데 검색했을 때 모든 메모가 분류의 검색어가 되었다. 어느 날은 입학 전 7세 아이들을 대상으로 종일 전화했다. 어느 날은 땡땡 학습지 하는 아이들. 어느 날은 독서 관심 엄마들을 모아서 전화했다. 비슷한 대상들을 같은 내용으로 오전에 전화하고, 통화가 안 되면 저녁에도 해 보고, 늦은 밤에도 전화했다. 휴일도 예외는 아니었다.

10통 전화를 시도하면, 1통 연결될까 말까 하는데, 통화가 될 때까지 포기하지 않았다. 늦은 밤이나 휴일에 전화하면 고객들이 싫어하지 않느냐고 후배들이 물었다. 싫어하면 죄송하다 하고 다음에 연락한다고 말하고 얼른 끊는다고 했다. 그 고객은 휴일 전화 싫어한다고 이름 옆에 쓰고, 휴일에 연락하지 않도록 조심하면 된다고 대답했다. 얼마나 명쾌한지 몰랐다.

전화를 하는 것이 업인 사람처럼, 몸에 배인 성실함으로 치열하게 성과를 내는 지국장이었다. 사무실 근처 큰 공원에서 1년 365일 야외 홍보 활동을 했다. 타사 학습지와도 자리 분쟁이 있었으나, 결국 그 자리를 지켜 내 누구도 그 지역을 건드리지 못했다.

그곳은 서울에서 손에 꼽을 정도로 큰 공원이며 유동인구가 무척 많았다. 그러나 센터장으로 고민되는 부분이 있었다. 보통은 센터 옆 공원은 처음부터 전체 센터 식구들이 공용 구역으로 모두가 자유롭게 활동하는 지역이다. 처음부터 함께 활동했다면 지국장도 덜 힘들었을 텐데 이미 오랫동안 혼자서 고생하며 지켜 온 것을 아는지라 다른 이들이 나가고 싶어도 말도 못 하고 눈치를 보는 중이었다. 돈을 내는 장소도 아니고, 공공장소인 공원이니 한 사람이 담당하기에는 구역이 너무 넓었다.

공원을 전체 센터에 개방한다고 선언했다. 그 지국장이 있는 곳의 통로는 보호해 주되, 다른 통로는 갈 수 있다. 그리고 삐에로를 초대했다. 4시간 동안 요술 풍선 행사로 센터 연합 홍보 활동을 진행했다.

처음에는 속도 상해 하고, 조용히 항의도 했다. 속이 많이 상했을 텐데도 모두를 위해 잘 수용해 준 지국장에게 그때나 지금이나 미안하고 고맙다. 홍보의 측면에서는 혼자보다 다수가 크게 행사도 한 것이 지국장에게도 나쁘지 않았다. 이후 자유롭게 신입 선생님들도 출근 후 잠깐씩 공원에서 누구나 활동하게 되었다. 물론 365일 늘 같은 시간, 같은 곳을 지키는 사람은 여전히 그 지국장이었다. 그의 활동은 독보적이다.

관리자가 내리는 결정은 때때로 개인이나 소수의 양보와 희생을 요구한다. 언제나 어렵고 두렵지만, 현실은 나에게 센터장으로서 해야 할 일을 요구한다.

마이클 샌델의 《정의란 무엇인가》에 나오는 사례처럼, 현장은 늘 절박한 선택지로 우리를 몰아세운다. 트롤리 열차의 방향을 틀면 한 명이 죽고, 그대로 두면 다섯 명이 죽는다. 나는 어떤 선택을 해야 하는가. 무엇이 정의인가.

관리자는 늘 다수의 이익을 택할지, 소수의 이익을 지킬지 선택을 요구받는다. 오래전 후배 센터장과 이 주제로 토론을 한 적이 있다. 그때 나는 '존중받는 소수가 모여 행복한 다수가 된다'는 믿음으로 소수의 이익을 존중하겠다고 했다. 그러나 현실에서 나는 오히려 다수를 위해 소수의 양보를 부탁해야 하는 순간들을 많이 겪었다.

정의는 상황에 따라, 사안에 따라, 그리고 판단자의 정명(正名)과 역할에 따라 달라진다. 소수냐 다수냐의 단순한 기준으로 나눌 수 없다. 49대 51의 선택에서 중요한 것은 단순한 수치가 아니다. 49를 포기해야 하는 용기와 책임, 그리고 결정권자가 세운 가치와 기준이 결국 그 '2'의 무게를 결정한다.

리더의 선택은 언제나 책임과 맞닿아 있다. 다행히 당시 지국장의 양보와 이해 덕분에, 이후 센터 식구들은 누구나 자유롭게 공원에서 활동할 수 있었다. 갈등은 시간 속에 사라지고, 평화만 남았다. 남은 것은 후회가 아니라 감사였다.

병아리반

신입 선생님이 본사 정규 교육을 수료한 후, 센터에 출근을 하도록 만들기 위해 병아리반을 시작했다. 저연차를 위한 교육을 일시적 이벤트가 아닌 센터의 시스템으로 구축하고 싶었다.

시스템이란 어떤 목적을 위해, 체계적으로 짜서 이룬 조직이나 제도이다. 외부로부터의 힘에 의해 동작하는 일련의 자동 기계 장치를 말한다. 필요한 기능을 실현하기 위해 관련 요소를 어떤 법칙에 따라 조합한 집합체이다. 자동 장치이므로, 처음에 시스템을 만들고 적응할 때까지는 번거롭지만, 일단 안정되면 에너지도 덜 들고 효율적이고, 누구나 활용할 수 있다는 장점이 있다.

교원은 일하는 사람을 위한 사업 시스템과 고객을 위한 교육 시스템 두 가지를 갖추고 있다. 고객 관리를 위한 시스템은 고객 만족도가 좋아야 한다. 회사의 시스템을 적극 활용해서 고객들에게 소개하고 참여시키는 것만으로도 일을 안정적으로 할 수 있다.

내가 제일 집중하는 시스템은 저연차 선생님을 위한 병아리반이다. 최소한 본인이 구매한 책을 활용하는 법부터, 일하여 승진하는 방법까지 녹여내려 애쓴다.

아이들을 위해 책을 구입했으니, 백일 기도하듯 최소한 백일 동안만 교육을 들어 보게 하는 것이다. 아주 늦은 나이에 힘들게 아들을 얻은 엄마가 있었다. 아이는 학교에서 아주 모범적이고 성적도 우수했는데, 엄마는 매우 강하게 군기를 잡으며 훈육하고 있었다.

눈총, 말총 쌍권총으로 아이 죽이지 말라는 말을 자주 쓰던 때였다. 글로 옮기기 민망할 수준으로 엄마의 행동을 질책했는데, 본인에게 그렇게 말한 용감한 사람을 만난 적이 없었는지 다음 날부터 바로 순순히 병아리반에 나타났다. 보통은 정규 교육이 시작되는 다음 달이 되어서야 등록하는데 말이다.

그 당시 나는 상담을 하며 그녀의 기에 눌리지 않으려고, 그녀에게 엄청 겁을 주었던 것 같다. 상담의 어느 대목이 그녀를 움직였는지는 잘 모르겠다.

엎드려 잘 때도 있었으나 딱 100일을 칼같이 와서 교육을 들었다. 그 뒤 이사를 가게 되어 연락이 끊겼으나 고맙다는 이야기를 듣고 헤어졌다. 그녀는 내게서 무언가를 배웠다기보다, 자신을 멈추고 객관적으로 돌아보는 성찰의 시간이 도움이 되었으리라 짐작한다.

얼마 전에 만난 병아리반 선생님은 미용실 원장이었다. 병아리반에서 매일 교육받고 친해져서 병아리반 담임인 센터장 말대로 교원 일을 병행하여 이직을 준비하고 있었다. 남편의 허락이 나지 않아 책 구매를 망설이던 한 신입 선생님은 배추가 배추씨 주인 것이냐, 아니면 배추밭 주인 것이냐라는 질문에 각성하고 책을 구매하기도 했다.

지국 운영 때 했던 사람 키우는 작업을 센터의 시스템으로 가져와 많은 지국장들이 활용하게 한다. 이 시스템을 온전히 센터의 지국장이 전수하기를 꿈꾼다.

탈

더운 날, 추운 날 가리지 않고 현장에서 야외 홍보 행사를 했었다. 하기로 작정하면 무식할 만큼 융통성 없이 무조건 직진이어서 함께 하던 식구들이 고생했다. 이제는 조금 유연해졌는지 수시로 돌아본다.

한 해 중 가장 뜨거운 숨쉬기도 어려운 삼복더위에 사람은 고사하고 개미 한 마리 지나다니지 않던 날, 우리는 '이런 날에도 해내고 나면 무엇인들 못 하겠어'하며 깔깔댔다. 아파트에 서는 장날에 미리 선금을 걸어 두어, 눈이 펑펑 쏟아진 날에도 난로 켜고 눈을 치우며 텐트를 쳤다.

참 라떼의 이야기다. 호랑이 담배 피던 시절이다. 지국 운영하면서 한군데는 아파트, 한군데는 주택가로 2군데 거점을 정했다. 1년 동안 두 곳을 꾸준히 운영해서 주민과 얼굴을 익히기도 했다. 홍보 활동을 하면서 나보다 더 잘하는 사람들을 채용해서 훈련시켰다. 센터장이 되고 나서, 고생했던 그 시절을 돌아보며 지국장과 함께하고 싶었다.

센터 식구들이 어디에서 활동해야 효율적인지, 어느 지역이 비어 있는지 지역에 대한 파악이 되어야 고객 확보가 수월해진다. 항상 관내 지도를 보고 전체 시장을 파악하려 했다. 지국별 야외 홍보 장소가 어디인지, 우리 사업에 적합한 유동인구가 얼마나 되는지, 근처에 잠재 고객인 유치원이나 초등학교 재학생이 얼마나 되는지, 센터까지의 교통이 편리해서 매출이나 채용의 장소로 적합한지, 경제적 여력이 있는 지역인지 판단해 조언을 했다.

밖에서 고생하는 식구들을 어찌 도울까 궁리했다. 혼자서는 어려워도 여러 사람이 왁자지껄 흥겹게 행사하면 또 용기가 난다.

각 지역의 아파트를 돌며 각종 먹거리, 물건 등을 파는 여러 상인들의 야간 시장을 펼치는 총무들에게 수시로 연락을 해서 지역에서 열리는 행사에 대해 알아보았다. 미니 놀이기구도 설치되고 각설이도 오는 흥겨운 행사에 우리도 센터 전체가 참여하기로 했다.

나는 한참 유행이던 피카츄 탈을 직접 쓰고, 센터 연합으로 홍보하는 장소인 아파트 야시장에 도우미로 나갔다. 센터 식구들은 고객 응대를 해야 하니까. 멀리 있던 아이들도 "피카츄다~" 하며 달려오고, 어른들도 재미있어했다. 아이들이 몰려들며 부모님들이 인증샷을 찍어 주는 동안 우리 식구들은 부모님과 상담하고 방문 약속을 잡았다. 피카츄 탈을 쓰고 들어가 있으면 피카츄 머리가 무거워 안에서 손으로 받쳐야 했다. 얼굴에 있는 눈 부분이 밖으로 뚫려 있지 않고 입 부분이 뚫려 있어 밖을 내다보려면 내 턱을 수그려야 했다.

추운 한겨울 밤. 탈 덕분에 덜 추웠다. 한자리에 서서 고객을 기다리는 우리 식구들은 추워서 엄청 고생했다. 핫팩을 주머니마다 넣고, 발에도 붙이고, 온몸에 붙이고 상담을 했다. 센터장이 피카츄 탈을 쓰고 응원을 하니 잠시도 쉬지 못하고, 열심히 고객들과 상담을 했다. 피카츄 탈은 얇은 쇠로 모양을 잡은 뒤 천으로 씌운 것이다. 날이 조금만 더워져도 사용하기 어려웠다.

어느 날 인터넷에서 티라노사우루스 공룡 옷을 보고 얼른 구입했다. 얇은 폴리에스테르로 만들어진 데다가 공룡 내부에 자동에어 펌프로 부풀려지는데 바람이 계속 나와서 덕분에 아주 더운 날도 사용이 가능했다. 공룡은 대부분의 남자 아이들이 다 좋아한다. 신기해하며 몰려든 아이들과 따라온 어른들은 속에 사람이 어디 있나 확인하려고 이리저리 찾기도 한다.

더운 여름엔 갑갑하고 땀으로 흠뻑 젖었지만, 우리 식구들을 응원하는 마음으로 기꺼이 참여하고 싶었다. 땡볕의 바깥에서 고객을 붙잡는 식구들보다 덜 덥기도 하다. 속에 누가 있건 상관없이, 장난치고 좋아하며 사진을 찍는 사람도 있다. 그들에겐 나도 진짜 티라노사우루스가 되어 괴성도 지르고 커다란 꼬리로 때리기도 하고, 무서운 이빨로 깨물어 보기도 한다. '이런 걸 센터장이, 이 나이에 내가?'라는 생각은 없다. 아주 오래전 장터 생선 장수 부부를 만난 경험이 나를 겸손하게 만들어 어떤 일이든 가능하게 했기 때문이다.

서울에서 처음 사용 후 지방에서도 잠시 공룡 옷을 입었는데, 낯선 풍경이었는지 그곳에서는 더욱 인기가 있었다. 서울은 데모 현장에도 등장하는데 말이다. 무엇이든 도움이 되고 함께할 수 있어 좋았다. 큰 돈 들이지 않는 바람잡이로 최고다. 공룡이든, 피카츄든 그 무엇이든 가능하다. 그곳에 우리 식구들이 있다면 어떤 탈이라도 쓸 수 있다.

지시 10%와 점검 90%

병아리반에서 부모의 역할에 대해 교육할 때 이렇게 말하곤 한다. 부모는 자녀에게 지시는 10%, 점검은 90% 해야 한다. 그러나 실제로는 그 반대로, 지시가 90%, 점검은 10%에 불과한 경우가 많다. 끊임없는 잔소리는 아이들의 귀를 닫게 만든다. 잔소리란 불필요한 말이나 과도한 참견으로 본질을 흐리는 것이다. 이는 부모뿐 아니라 모든 리더에게 해당되는 이야기다.

센터장 역시 마찬가지다. 좋은 아이디어가 떠오르고 전략을 세우면, 그 순간 모든 것이 해결된 듯 착각하기 쉽다. 몇 차례 미팅하고 구성원에게 공지하는 것만으로 일을 끝냈다고 여긴다. 그러나 리더는 전략을 짜는 사람이 아니라 결과를 책임져야 한다. 만족스러운 결과가 나오도록 끊임없이 점검하고, 구성원이 공감하며 자발적으로 움직일 때까지 세밀하게 다듬어야 한다.

나는 스스로 점검에 나름 꼼꼼하다고 생각했다. 정말 꼼꼼하게 점검하는 분을 상사로 모신 적이 있었다. 때로는 '저렇게까지 해야 하나?' 의문이 들었고, 집요한 점검이 짜증날 때도 있었다. 그러나 결국 성과를 만드는 것은 기획이 아니라 끝까지 밀어붙이는 점검의 힘이었다. 부족한 것은 구성원이 아니라 센터장이었던 나였다. 실제로는 물의 온도가 1도 부족하면 끓지 않듯, 마지막 1도까지 집요하게 점검해야 한다는 것을 배웠다.

점검 과정에서 계획대로 되지 않는다면 그것은 전적으로 리더의 책임이다. 완성도를 높이는 90%의 점검 과정에서 조급함이나 오만함, 감정이 태도로 드러나지 않도록 다스리는 것 또한 리더의 인격이다. 그래서 리더에게는 능력만큼이나 인격이 중요한 것이다.

사업 방향

일을 잘하려면 회사의 월 사업 방향에 지국장의 사업 방향을 즉시, 정확하게 일치시켜야 한다. 그런데 지국장들마다 좋아하는 것과 잘하는 것이 다르다. 매달 주어지는 사업 방향 중에는 본인들이 좋아하는 것과 싫어하는 것이 있다. 좋아하는 사업 방향은 자발적인 동력이 되어 집중하여 달리게 된다.

회사는 시장 조사를 통해 고객이 무엇을 원하는지, 무엇을 좋아하는지 파악하여 고객들이 필요로 하는 상품과 서비스를 준비한다. 또한 그것들을 집중적으로 판매할 현장을 관찰해서 전략을 제시한다.

회사에서는 판매 성과의 주체인 현장의 대다수 지국장이 좋아하는 인센티브와 전략을 제시하려 한다. 자녀와 함께 하는 해외여행 인센티브나, 자녀 대상 양질의 코딩 캠프나, 과학 체험 캠프 등의 시상에 꽂히는 지국장도 있다. 본인의 해외여행 시상에 꽂히는 지국장도 있는 반면 해외여행이나 간담회 같은 것은 시간도 아깝고, 친하지도 않은 사람들과 낯선 식사 시간 등의 인센티브는 도전의 동기부여가 전혀 되지 않는 사람도 있다.

교육 상품 판매에는 열성적이지만 좋은 사람도 있고, 그 외 다른 상품 판매에는 소극적인 사람들도 있다. 유아 박람회 참석권 인센티브는 현장에 구매하러 오는 고객이 많아 하루 집중해서 성과를 올릴 수 있어 좋다는 사람도 있고, 잠재 상담 고객이 너무 멀리서 오는 경우가 많아서 싫다고 하는 경우도 있다. 지국장들마다 아니 사람들마다 취향과 선호도가 모두 다르다.

'너는 무슨 색을 좋아하니?', '무슨 음식을 좋아하니?'라는 질문을 받을 때가 많았다. 내가 처음 만나는 친구들에게 물었던 질문이기도 하고, 나도 그들로부터 들었던 질문이기도 하다. 나를 알아 가고, 상대를 알아 가는 정체성에 대한 질문이었다. 그런데 어떤 특정 색이 옳은가? 어떤 특정 음식이 옳은가? 옳고 그름의 문제가 아니다. 선호이다.

돈을 버는 상황에서 나는 아마추어인가? 프로인가? 프로는 편식하지 않는다. 사업 방향이란 차려진 밥상에서 나의 선호로 편식을 할 것인가? 리더인 센터장은 지국장들이 사업 방향을 편식하지 않도록 고민한다. 건강에 문제가 있는 아이라면 본인에게 필요한 음식에 본능적으로 집중하는 것이 옳다. 알러지가 있는 아이, 비염이나 축농증으로 힘든 아이, 장이 민감한 아이도 있다. 그들에겐 보완해 줄 영양소가 필요하고, 필요한 음식이 있다. 그러나 보통의 건강한 아이라면? 편식은 다른 질병을 만들 수 있기에, 여러 음식을 골고루 먹어야 건강에 이롭다.

나의 지국이 정상적이고 보통의 지국인가? 그렇다면 사업 방향을 편식하지 말자. 최고의 성과를 내는 지국장들은 주어진 사업 방향을 자신에게 꼭 필요한 것인 양 받아들인다. 사업 방향 속에서 성공의 길을 찾아내고야 만다. 나를 사업 방향에 맞추어 어떤 인센티브이든 활용하고, 집중해서 멋진 성과를 내 보자.

조직 영업

우리는 학습지, 도서, 외국어 상품을 판매하는 조직이다. 지국 사업은 다수의 평범한 사람들이 할 수도 있고, 소수의 사람들로 지국을 운영할 수도 있다.

선배가 후배에게 줄 수 있는 가장 좋은 선물은, 해야 할 가장 훌륭한 일은, 혹독한 훈련으로 본인보다 멋지게 성장시키는 것이다. 혹독한 훈련을 부드러운 말만으로 할 수는 없다. 아랫사람에게 잘해 주는 것만으로는 부족하고, 잘되도록 돕는 것이 윗사람의 역할이다.

영업을 잘하는 사람이 영업을 잘 가르칠 수 있다. 내가 잘 못하는 것을 가르치는 것은 쉽지 않다. 내 영업력이 뛰어난지를 먼저 점검해야 한다. 어떻게 동기를 부여하고, 영업 방법을 전수할 수 있는가를 확인해야 한다.

일단 내가 영업 고수이어야 한다. 영업을 처음에 잘 배워야 하고, 혹 그렇지 않더라도 끝까지 노력해서 연마해야 한다. 지국장도, 센터장도 영업을 못하는 사람은 크게 사업하기 쉽지 않다. 그러나 영업 실력만으로는 내 산하에 식구들이 모이기가 어려운 것은 사실이다. 나보다 멋지게 성장시키겠다는 목표와 의지가 필요하다. 덕까지 갖추면 그것은 금상첨화다.

내 주위에 나 같은 사람이, 아니 나보다 멋진 사람이 두 사람만 있으면 된다. 핵심 두 명이 나처럼 영업을 잘하게 되도록, 전심전력 잘 전수하고 가르치고 훈련하면 된다. 나 혼자가 아니라 조직이 함께하게 하면 전혀 다른 세상을 만날 것이다. 멀리 가려면 함께 가라.

조직은 살아 있는 생물과 같다. 한시도 눈을 떼면 안 된다. 바다에서 자유로이 유영하는 힘찬 고래를 상상해 보라. 병들지 않은 조직은 그 자체로 건강하게 살아 움직인다. 인생이라는 바다의 주인이 된다.

선택

　새해가 밝으며 새로운 총괄단으로 부임했다. 설렘보다 두려움이 컸던 것은 센터의 상황에 대한 정보 탓이 아니었다. 애초에 그런 정보에 무심한 사람이었다. 처음으로 내가 성장하고 활동한 곳을 떠나 이웃 총괄단으로 이동한 것이다. 외국으로 이민 가는 느낌이 이런 것일까?

　소속된 구성원에는 일면식 있는 사람이 한 명도 없었다. 마침 단장님도 새로이 부임 오셔서 일요일 점심 우리는 첫 상견례를 위해 단장님이 상주할 센터 앞 중국집에 모였다. 새 학기 맞춰 전학 가서 새 선생님, 새 친구, 새 교실에 첫 등교하는 아이처럼 긴장했던 시간들이었다.

　당시 센터 조직이 크게 성장해서 새로운 시장인 인근 지역으로 센터를 분리한 뒤였다. 두 센터가 모두 2주일 뒤 이사를 앞두고 있었다. 아직 이사 전이라서, 원래의 빌딩에서 함께 거주하는 상태였다. 행정상 소속만 분리된 상태에서 한 지붕 밑 두 집 살림을 해야 했다. 정확하게는 동일 공간과 동일 사람들에 나만 하나 더 보태진 상태였다, 보름 후 이사 예정이라고 내게는 책상도, 컴퓨터도 없어서 매니저 컴퓨터를 함께 사용했다. 더부살이 들어간 객식구의 느낌이었다.

말만 두 센터여서 실적만 나누어 들어갈 뿐 교육도 함께 했다. 내가 할 수 있는 것은 아침 지국 미팅만 따로 하는 것이었다. 이 상황을 따지고 불평할 것인가, 이 속에서 무언가 활용할 것인가 선택해야 했다. 어차피 내게 닥친 일이었다. 감정 소모는 시간 낭비일 뿐이었다. 센터장이 다른 센터장의 일과를 옆에서 볼 수 있음은 흔하지 않은 일이다. 성과를 내어 주목받던 센터장이 어떻게 센터를 운영하는지 관찰하기로 하니 마음이 편안해지고 매시간 배움의 시간이었다.

조용히 센터 식구들과 친밀해지되, 나의 색을 드러낼 필요가 없던 시간이었다. 내가 매사에 진지하고 사람 중심의 장기적 안목으로 운영한다면, 그녀는 활력 있고 가볍고 개인적이고 성과 중심의 단기적 안목의 사람이었다.

센터를 둘러보니 식구들을 위한 작은 배려 속에서 그녀의 세심함을 느낄 수 있었다. 작은 공간이 아기자기 예쁜 소품으로 꾸며져 누구나 와서 잠시 쉴 수 있는 장소가 되었다. 토요일이면 고객 행사로, 식사를 하러 바깥으로 나갈 수 없는 경우가 많이 있었다. 그곳에서 편안하게 눈치 보지 않고 끼니를 해결하고, 커피도 마시며 한숨 돌릴 수 있는 숨은 보물 같은 공간이었다.

게시판에는 전 직급 1년간 승진 예정표가 식구들의 얼굴 사진을 넣고 유치원의 벽보처럼 예쁜 부직포로 보기 좋게 꾸며져 있었다. 화려한 색색 꽃, 노랑나비, 빨주노초파남보 무지개 부직포들은 마치 승진이 기대되고, 환한 미래를 암시하는 것 같아 눈에 띄었다. 물론 게시판 하나로 황금빛 승진이 된다고 믿는 사람은 없었지만 말이다.

문질빈빈(文質彬彬). 겉모양의 아름다움과 속내가 서로 잘 어울린다는 뜻으로, 꾸밈(文)과 바탕(質)이 어느 한쪽에 치우치지 않고 조화를 이루어야 하다는 고사성어이다. 질(質)이 문(文)을 이기면 거칠고 투박하여 촌스럽고, 문(文)이 질(質)을 이기면 꾸밈이 지나쳐 사치스럽다. 무늬와 바탕, 형식과 내용이 모두 중요하다고 공자는 논어에서 말한다. 나는 그녀에게서 무늬를 배웠다.

나와 정반대 스타일의 관리자를 그 자리에서 만난 나는 변화의 기회를 얻은 행운아였다. 새롭게 변신할 시험대였고 새로운 무기를 장착할 기회였다. 그 후 온전히 그녀처럼은 못 했지만 그때 본 그녀의 목소리, 장면을 기억한다. 형식이 성과에 끼치는 영향과 중요성을 배운 시간이었다.

부임 후 보름 간의 시간을 불만과 불평으로 보냈다면 놓쳤을 배움이었다. 도광양회(韜光養晦). 내 빛을 감추고 실력을 쌓는 시간이라 할 만한 것도 아니었다. 은인자중(隱忍自重)의 시간에 가깝다.

자부심

새로운 시장으로 센터가 신설되는 것은 참 어려운 일이다. 시장성만으로는 안 된다. 새로운 시장에서 때로는 공격적이고 전투적으로, 때로는 노련하게 일할 수 있는 사람이 있어야 한다. 분갈이하여 새로 옮겨 심은 나무는 뿌리가 뽑힌 상태이므로 새로운 흙을 낸 것으로 휘감아 힘을 낼 때까지 지지대로 세워 주고 지극정성 돌보고 기다려야 한다. 나무 하나도 그러하다.

센터 분리는 일하던 낯익은 거리, 장소를 두고, 옮겨 가는 것이다. 직업 마인드가 투철하지 않은 선생님들은 집이 멀어질 수도 있고, 아이 등교 시간이 힘들어질 수도 있다. 직업관이나 영업력이약했거나, 지국장과의 관계가 소원했던 사람들은 이 불안정한 틈에 퇴사한다. 조직원이 빠진 조직장들은 함께 흔들릴 수 있다. 그들 앞에는 가능성이 큰 시장이기는 하지만 낯설어 하고, 소 닭 보듯 하는 무심한 고객들이 넘쳐나는 낯선 곳에서 새롭게 시작해야한다.

끊임없이 장밋빛 미래에 대한 믿음, 소망으로 자신을 무장해야한다. 동료에 대한 동지애로 덧입고, 미지의 고객에 대한 사랑으로 매일을 긴장 속에 임해야 한다. 열정적이고 무한 긍정적인 리더와 멤버들이 필요하다. 자부심과 확신에 찬 리더와 구성원이 필요하다.

무모한 젊음과 명민한 노련함으로 무장한 용사로 선발된 신생 센터가 분리되어 나갔다. 내 센터에는 착하고 순종적인 식구들이 남아 있었다.

남북 분단되어 미소 양국에 의해 억지로 이산가족이 된 듯, 두 센터는 산하 식구들이 엉켜 있었다. 회사의 엄청난 결정에 큰 잡음 없이 순조로이 진행된 것은 현장의 조직장인 두 처장 덕분이었다. '회사가 하신다면 이유가 있고 필요해서 이겠지요. 알겠습니다.' 한 마디 답변과 함께 와글거릴 만도 한 일을 산하 조직원들이 순식간에 조용히 따르게 했다. 더 말하지 말라고. 그 결정이 있고 내가 부임한 것이었다.

과거 실적을 보니 두 센터 매출 평균이 연 30% 차이가 났다. 엄청난 큰 차이였다. 전사 일등과 꼴등 센터로 갈릴 차이였다. 매출 차이는 속해 있는 지국장의 실력, 일하는 사람 인원수, 기세 등 여러 가지의 차이를 의미했다. 성과와 실력도 문제지만 지국장들은 왜 본인이 선발대에 들어가지 않았는지, 자괴감에 빠져 있었다. 나의 고민이 시작됐다. 어떻게 사기를 진작할 것인가? 이사를 하고, 개업 파티도 했다. 주머니를 털어 회식도 하고, 과거와 차이 나지 않도록 인센티브도 매일 주었다.

분리된 뒤 초기에는 총괄단 내 1등과 꼴등 센터로 벌어져서, 자존심도 구겨지고 성과가 부진하니 운영비도 어려웠다. 보이는 물질도 부족했지만 열등감, 패배 의식으로 마음이 가난했다.

떨어진 사기를 채우기 위해 찾은 구실은 종갓집이었다. 우리 센터의 역사는 여러 센터를 배출한 종갓집 센터다. 우리에겐 그 많은 사람을 키워 낸 정신 자산이, 기술이, 능력이 있다. 매년 한 명의 지국장을 배출하고 지금은 조금 기울어 있는 처장님을 전면에 내세웠다. 많은 미팅에서 매일 칭찬하고 이런 분이 있는 것은 센터의 힘이라 했다. 없는 사실을 꾸민 것이 아니라 있는 사실을 들추어내어 인식시킨 것일 뿐이었다.

정말 그분은 센터의 정신적 어른 역할을 톡톡히 해 주셨다. 도도하나 자부심으로, 당당한 센터의 역사였다. 나이가 문제인가? 나이는 부끄럽지 않은 연륜의 다른 이름이었다. 지국장들이 처장님을 중심으로 뭉쳐졌다. 지국장의 하루는 어디나 비슷하다. 칭찬 릴레이도 하고, 모든 이들의 작은 장점을 찾아 부각시켰다. 특히 신임 지국장은 작은 실수도 비난하거나 야단치지 못하게 하고, 작은 성과에도 격하게 소리질러 박수치고 보상했다.

구름 뒤 가려져 있을 태양만 인식한 채 하루하루를 지냈다. 처음 온 센터라서, 그들에 대한 선입견도 없었고, 그들이 현재 내게 보여 주는 모습만 보았다. 내가 보고 싶은 모습만 봤고, 그들은 그 모습으로 화답했다. 우리 모두가 쓴 페르소나 가면이 틀렸다고 위선적이라 할 것인가? 아니다. 그것은 그 당시 우리 자체였다. 그런 아름다운 가면을 쓸 수 있는 본질이다.

차츰 사람이 모였다. 우리의 종갓집 자부심은 분리된 센터와도 맞먹을 정도의 수준으로 변화되었다. 자부심이 우리를 일으켜 세웠다. 그 자부심을 바탕으로 분리했던 때만큼 다시 커다란 센터가 되었다.

밥 사업

후배들에게 밥 사업을 가르치고 싶었다. 친화력이 약한 내가 오랜 시간동안 해 올 수 있었던 것도 밥 사업 덕분이라고 생각한다. 성과가 저조할 때면 지국장들이 동료와 함께 식사하는 경우가 많다. 매일 얼굴을 맞대는 조직에서 갈등이 생기면 함께 식사하는 것이 어려워진다. 그러나 식사비는 사업의 마중물이다. 친한 사람, 미운 사람, 갈등이 있는 사람 모두에게 밥을 통해 마음을 전할 수 있다.

밥 사업의 중요성을 깨닫게 해 준 선배가 있었다. 얼굴도 예쁘고, 교육은 깔끔하며 아는 것이 많아 들을수록 유익하고 재미있었다. 영업력도 뛰어나, 선배와 함께 일하는 마스터는 큰 계약을 많이 성사시켰다.

방문판매업에서는 한 직급만 판매권이 있다. 선생님과 마스터 직급만 직접 판매권을 갖고, 지국장은 판매권이 없기 때문에, 동행 상담이나 아래 직급자가 잘 판매하도록 가르치는 것이 중요하다. 판매에 서툰 사람을 교육하려면, 식사 자리에서 친밀한 관계를 만들고 신뢰를 쌓는 밥 사업이 필수다.

어느 신임 지국장은 적은 인원조차 잘 정착시키기 어려워했다. 그녀에게 매일 밥을 먹이며 밥 사업 방법을 설명했다. 식사 자리에서는 가만히 앉아 있지 말고, 수저를 놓고 물을 따라 주라고 했다. 문가에 앉지 말고, 둘이 이야기를 나누기 좋은 조용한 좌석을 선택하게 했다. 시계가 있다면 지국장이 시계를 바라보는 쪽에 앉게하여, 시간을 장악하도록 했다. 상대가 벽을 바라보고, 본인은 식당 전체가 보이는 위치에 앉아야 장소가 장악된다고 알려 주었다.

음식을 선택할 때는 가격대가 여러 개라면 제일 비싼 걸 고른다. 큰 차이가 나지 않는다면, 비싼 음식으로 극진히 대접할 수 있다. 같은 음식을 매일 먹이지 않고, 마스터는 반드시 한 달에 한 번은 비싼 음식으로 대접한다. 마스터 1명과 선생님 10명을 바꾸지 않는다. 마음은 표현되어야 한다. 마음이 있다면 물질로 보여라. 내 마음 알아주겠지 생각하지 말자.

위 직급에게도 한 달에 한 번 감사 표시로 식사 대접을 한다. 신임 지국장에게 밥 사업을 전수하고, 센터를 떠나 식구들을 불려나가는 모습을 보면, 그동안 밥 사업을 잘했는지 돌아보게 된다. 친해져야 마음이 열리고, 귀가 열려야 영업도, 교육도, 기술도 가르칠 수 있다. 사업이 멈춰 있다면, 내가 식구에게 밥값을 얼마나 쓰고 있는지 점검해야 한다.

센터에는 여러 선생님이 있다. 평소 마스터들의 마음과 생각을 관찰하고, 그들의 감정과 기운을 관리한다. 1대1로 식사할 때는 미리 약속하고, 조용하고 조금 고급스러운 음식점으로 예약하면 좋다. 일식집 점심 특선 초밥 세트는 선호가 없는 메뉴라 활용도가 높다. 작은 방으로 예약 가능하면 최고다. 돌아가며 마스터들과 식사하다 보면, 매일 초밥을 먹어 초밥의 '초'도 힘든 날이 있지만, 남들이 들으면 부러워할 일이다.

목적을 가지고 식사하면 상대의 표정, 반응, 함의까지 살피느라 젓가락질이 느려진다. 절반만 먹어도 충분히 잘한 날이다. 밥 시간이 곧 사업 시간이라는 것은 진실이다. 마스터들과 면담한 내용은 반드시 지국장에게 보고하게 하고, 나도 따로 공유한다. 오해 없는 투명한 신뢰가 쌓이면 일이 순조롭게 돌아간다.

결국 밥 사업은 단순한 식사가 아니다. 밥을 매개로 관계를 만들고, 마음을 표현하며, 신뢰를 쌓는 과정이다. 친해져야 귀가 열리고, 마음이 열려 교육과 영업이 가능하다. 식사 시간 하나하나를 사업 시간으로 활용할 때, 작은 정성과 세심한 배려가 결국 사업의 성패를 가른다.

에필로그

2001년 입사 후 어느덧 25년의 시간을 돌아보는 즐겁고도 귀한 시간이었다. 반평생을 함께 웃고, 울고, 화내고, 슬퍼하며 살아온 나의 교원 생활이었다. 무작정 달리기만 하다가 잠시 멈춰서 돌아본 기회였다.

이 일을 처음 시작했을 때 초등학교 2학년이던 아들은 이제 어엿한 직장인이자 작가가 되었고, 일곱 살 유치원 꼬마였던 딸아이는 박사과정을 밟으며 자신의 길을 개척하고 있다. 아이들의 공부를 돕고자 이 일을 시작했다고 생각했지만, 돌이켜 보니 그것은 착각이었다. 사실은 엄마인 내가 '제대로 된 한 사람으로 서기 위해' 시작한 일이었다. 삶의 방향성을 찾지 못했던 내게 주어진 새로운 기회였고, 영업인으로서 한 명의 사회인이 될 수 있는 기회였다. 감사한 시작이었고, 행복한 시간이었다.

부족한 엄마였던 탓에 아이들이 고생도 많았지만, 그 과정을 함께 견디며 성장해 온 시간이 결국 우리 모두를 단단하게 만들었다. 나처럼 수많은 엄마들이 이곳에서 자립하고, 심신이 건강해지며, 아이들과 함께 성장하는 모습을 보아 왔다. 그래서인지 이번

회고의 시간은 개인적으로는 내 삶을 돌아보고 정리하는 은혜로운 시간이었다.

이 사사로운 글들을 세상에 내놓는 일은 여전히 부끄럽다. 먼저 이 길을 걸어간 아들에게조차 여러 번 질문했으니 말이다. 아들은 "완벽하지 않아도 된다. 새로운 시작은 그것만으로 용기이고 도전이다. 그러니 무쇠의 뿔처럼 묵묵히 가시라."며 내게 용기를 주었다. 나와 같은 주부 영업인들이 이 글을 통해 작은 위로와 힘을 얻을 수 있다면, 그것만으로도 충분하다는 말에 나도 마음을 다잡았다.

처음엔 아이들에게 책을 읽히고 싶어 시작한 일이, 어느새 책 읽기를 권유하는 일로 바뀌었다. 남들은 '책 장사'라 했지만, 나는 '가문을 바꾸는 일'이라 확신했다. 선후배 동료와 함께 쌓아온 시간의 축적은 결국 나를 조금씩 바꾸었다.

"멀리 가려면 함께 가라." 함께였기에 여기까지 올 수 있었다. 혼자였다면 고객의 첫 거절 앞에서 진작 주저앉았을 것이다. 책을 팔던 내가 이렇게 책을 쓰게 될 줄이야. 이 책이 어디에 닿게 될지는 알 수 없지만, 분명 25년 전 첫 교육을 받던 그날의 설렘이 오늘의 나를 이끌어 왔다.

새로운 시작 앞에서 나는 다시 설레는 마음으로, 망설임 없이 또 한 걸음을 내딛는다. 그 길을 내딛을 수 있음이 감사이고 행복이다. 대한민국에서 영업하는, 일하는 모든 엄마들에게 응원을 보내며 이만 마친다.

감사의 말

글을 마치며 감사의 마음을 전합니다.

글쓰기의 방법부터 마음가짐까지 매일 용기를 주시고 이끌어 주신 이음과펼침 권지현 대표님, 언제나 따뜻한 시선으로 응원해 주시며 세심하게 완성도를 높여 주신 이수현 편집장님께 깊이 감사드립니다. 함께 길을 걸어온 신임 작가 동료분들께도 고마움을 전합니다.

고지식한 큰딸이 사회인이 된 모습을 걱정하시면서도, 늦깎이 직장생활에 한결같이 응원을 보내 주신 아버지 배병탁님, 이만큼 몫을 하도록 키워 주신 사랑하는 어머니 안철이 여사님께 감사드립니다. 교육과 일에 있어 제가 원하는 길을 묵묵히 지지해 준 남편 곽성순, 먼저 작가의 길을 걸어가며 작은 것 하나도 놓치지 않고 격려와 조언을 아끼지 않은 아들 동일, 언제나 가장 큰 응원의 눈길로 엄마의 뒷모습을 지켜보는 딸 현정에게도 사랑과 감사를 전합니다.

25년 영업생활 동안 사회생활의 본을 보여 주셨던 장평순 교원그룹 회장님께 감사를 올립니다. 우리의 자랑스러운 선배님으로 앞서간 발자국이 되어 주신 황미경 부문장님, 신임 센터장 때 정확한 기준과 정도를 가르쳐 주신 정희도 추진단장님께 감사드립니다.

지속적인 열정과 놀라운 친화력으로 사람들을 감화시키고, 자발적으로 따라오게 만드시는 김수희 단장님, 어느 누구보다 앞서가는 교육으로 개인의 실력을 키워 주는 일에 솔선수범하신 남동진 단장님의 따스한 시선 덕분에 타향살이가 아닌 고향살이였습니다. 장점을 부각시키고 칭찬으로 온 역량을 발휘하게 만드신 이은미 단장님, 스마트하고 세련된 운영으로 함께 한 짧은 기간이 못내 아쉬웠던 방하영 단장님께도 감사드립니다.

정확한 진단과 바른 조언으로 늘 따뜻이 안내해 주시는 강구한 팀장님, 섬세한 배려와 편안함으로 믿어 주신 이상현 팀장님, 다시 일할 기회를 주신 김남일 팀장님 덕분에 오늘이 있습니다.

그 외 수많은 분들 덕분에 25년의 풍성한 제 삶과 사회생활이 가능했습니다. 함께하며 부족한 저를 품어 주시고 이끌어 주신 모든 분들과 동료 센터장님, 후배 지국장님들께도 진심으로 감사드립니다.